卷首语

《最新法律文件解读》是一套以为最新法律规范提供同步“解读”为主的系列丛书，分为刑事、民事、商事、行政与执行4个分册，按月出版。

本丛书以“解读”为重点，突出全、专、新、快、准等特点，通过对最新出台的法律、法规、司法解释、部门规章以及重要地方性法规进行同步动态解读，弥补了法律、法规、司法解释汇编类出版物没有同步阐释、解读内容的不足，为广大读者学习理解最新法律规范，正确贯彻执行法律文件，及时解决实践中的新情况、新问题，提供一个全方位、多层面的法律信息平台。

刑事法律文件解读（2011年第9辑，总第75辑）为量刑规范化改革专辑。量刑规范化改革是中央作出的一项重大司法改革部署，是新中国刑事法制发展进程中的一件具有里程碑意义的大事。2010年9月13日，最高人民法院印发了《人民法院量刑指导意见（试行）》，最高人民法院、最高人民检察院、公安部、国家安全部和司法部联合印发了《关于规范量刑程序若干问题的意见（试行）》的通知，上述文件自2010年10月1日在全国全面试行以来已有1年，它有效地增强了法院量刑工作的公开性、科学性，对规范司法行为，统一法律适用标准，促进社会矛盾化解和公正廉洁司法，提高司法公信力和权威性发挥了积极作用。为及时总结量刑规范化改革试行经验，发现并解决试行工作中存在的突出问题，确保量刑规范化改革持续深入开展，本辑特别收入了有关媒体对原最高人民法院副院长熊选国和最高人民法院刑事审判第三庭庭长戴长林的专访；同时，还专门约请了最高人民法院量刑规范化改革项目组部分主要成员，就试行过程中的有关重要问题如何理解与适用进行了深入解读和分析。此外，本辑还随附了量刑规范化改革的部分重要司法文件以及部分省高院关于量刑指导试行意见的实施细则，以供读者学习、参考和使用。

图书在版编目(CIP)数据

刑事法律文件解读.总第75辑/张军主编.—北京:人民法院出版社,2011.11
(最新法律文件解读丛书)
ISBN 978-7-5109-0353-3

Ⅰ.①刑…　Ⅱ.①张…　Ⅲ.①刑法-法律解释-中国②刑事诉讼法-法律解释-中国　Ⅳ.①D924.05②D925.205

中国版本图书馆CIP数据核字(2011)第257500号

刑事法律文件解读.总第75辑
主编　张　军

责任编辑　兰丽专
出版发行　人民法院出版社
地　　址　北京市东城区东交民巷27号　邮编　100745
电　　话　(010)67550626(责任编辑)　67550558(发行部查询)
　　　　　65223677(读者服务部)
网　　址　http://www.courtbook.com.cn
E-mail　courtpress@sohu.com
印　　刷　北京人卫印刷厂
经　　销　新华书店
开　　本　787×1092毫米　1/16
字　　数　140千字
印　　张　8
版　　次　2011年11月第1版　2011年11月第1次印刷
书　　号　ISBN 978-7-5109-0353-3
定　　价　16.00元

《最新法律文件解读》丛书
编　委　会

责任编辑　兰丽专

电　　话　(010)67550626

邮　　箱　lanlizhuan@ sohu. com

目　录

[量刑规范化改革专辑]

量刑改革:让法官的“内心活动”明确起来

——专访最高人民法院副院长熊选国 …………………………………… 1

量刑规范化改革:在实践中前行

——访最高人民法院刑三庭庭长戴长林 ………………………………… 8

宽严相济与量刑规范化 ……………………………………………… 戴长林 14

量刑方法的理解与适用 ……………………………………………… 陈学勇 22

常见量刑情节的理解与适用 ………………………………………… 李占梅 32

附一:量刑规范化改革相关司法文件

最高人民法院

关于印发《人民法院量刑指导意见(试行)》的通知

(2010 年 9 月 13 日) ………………………………………………… 47

最高人民法院　最高人民检察院　公安部　国家安全部　司法部

印发《关于规范量刑程序若干问题的意见(试行)》的通知

(2010 年 9 月 13 日) ………………………………………………… 57

最高人民法院　最高人民检察院　公安部　国家安全部　司法部

关于加强协调配合积极推进量刑规范化改革的通知

(2010 年 11 月 6 日) ………………………………………………… 60

人民检察院开展量刑建议工作的指导意见(试行)

(2010年2月23日) ………………………………………………… 64
最高人民检察院公诉厅
关于印发《人民检察院量刑建议书格式样本(试行)》的通知
(2010年9月2日) ………………………………………………… 67
附二:量刑规范化改革相关地方司法业务文件
江苏省高级人民法院
《人民法院量刑指导意见(试行)》实施细则
(2010年8月30日) ………………………………………………… 70
湖北省高级人民法院
《人民法院量刑指导意见(试行)》实施细则
(2010年8月30日) ………………………………………………… 89

量刑规范化改革专辑

量刑改革：让法官的“内心活动”明确起来

——专访最高人民法院副院长熊选国

1. 请介绍一下量刑规范化改革推出的背景及目前的进展情况？

答：“规范自由裁量权，将量刑纳入法庭审理程序”（即量刑规范化改革），是中央根据新时期新形势，审时度势作出的一项重大司法改革部署。长期以来，我国各级人民法院严格依法办案，认真贯彻落实宽严相济的刑事政策，对犯罪分子所判处的刑罚是公正的，办案质量和办案效果是好的。但由于刑法规定的法定刑幅度过于宽泛，对一些具体量刑情节规定得比较原则，司法实践中没有统一遵循的量刑方法和步骤，法官往往凭经验“估堆”量刑；刑事诉讼法对量刑程序没有具体规定，法庭审理中没有相对独立的量刑程序，有的量刑事实在法庭上没有得到有效的调查和辩论；加上法官认识水平参差不齐，裁量权没有得到有效规范，导致有的案件量刑不均衡，甚至不公正；有的本来公正的判决也因量刑活动公开不够，受到当事人和人民群众的质疑，在一定程度上影响了司法的公信力和权威。并且，随着我国经济社会的快速发展和人民群众法治意识的增强，人民群众对人民法院量刑工作提出了一系列新要求新期待：不仅要求定罪正确，还期待量刑公平公正；不仅要求量刑规范，还期待量刑公开透明；不仅要求公开裁判文书，还期待增强裁判说理；不仅要求参与法庭审理，还期待对量刑发表意见。可以说，中央决定实施量刑规范化改革，是对时代呼唤、群众心声和现实需要的积极回应。改革的主要目的，是进一步规范法官审理刑事案件的刑罚裁量权，通过将量刑纳入法庭审理程序，增强量刑的公开性与透明度，统一法律适用标准，更好地贯彻落实宽严相济的刑事政策。从长远来看，这项改革的顺利施行，将更加有利于依法准确惩罚刑事犯罪，更加有利于依法保障公民的诉讼权利，更加有利于维护社会和谐稳定，也更加有利于提高司法的公信力。

量刑规范化改革是人民法院“二五改革纲要”、“三五改革纲要”的重要内容。最高人民法院从2005年开始对量刑规范化改革进行实质性调研，起草了人民法院量刑指导意见和量刑程序指导意见，并逐步开展量刑规范化改革试点工作。试点法院从2008年的12家，到2009年的120多家。在改革过程中，我们不断发现问题、解决问题，不断消除分歧、统一认识，不断积累经验、改进工作。在深入调研论证，广泛征求各方面意见的基础上，2010年9月，最高人民法院制定了《人民法院量刑指导意见（试行)》，“两高三部”联合制定了《关于规范量刑程序若干问题的意见（试行)》，从2010年10月1日起，在全国3000多家法院全面开展量刑规范化试行工作。这就标志着，历时五年多的量刑规范化改革目前已进入全面试行阶段。2010年10月以来，全国各级人民法院高度重视，加强领导，精心实施，认真贯彻落实中央和最高人民法院工作部署和要求，研究制定实施细则，组织开展全员培训，做好宣传解释工作，积极稳妥地推行量刑规范化改革。目前，全国绝大部分法院已开展试行工作，工作进展顺利，总体效果良好。

2. 量刑规范化改革的主要成效包括哪些?

答: 量刑规范化改革是我国刑事法制史上具有里程碑意义的一件大事，是《刑法》颁布实施30年来首次真正地对量刑机制和量刑方法的改革。这次改革主要体现在四个方面：一是明确量刑步骤。改变传统“估堆式”的量刑方法，明确量刑步骤的第一步是确定量刑起点，第二步是确定基准刑，第三步是确定宣告刑，统一量刑思维，使法官的“内心活动”变得明确起来。二是将量化引入量刑机制，确立“定性分析和定量分析相结合”的量刑方法。一方面，对犯罪行为进行定性和定量分析，确定基准刑；另一方面，对其他量刑情节进行定性和定量分析，确定从轻或者从重的调节比例，保证量刑不会偏离大方向，确保公正量刑。三是引入量刑建议。实际上就被告人有了明确的量刑答辩的依据，被告人可以围绕量刑问题充分发表意见，使量刑问题在法庭真正形成一个控辩审的格局，增强控辩双方的对抗性，使法官做到“兼明则明”，防止“偏听偏信”。四是建立相对独立的量刑程序。充分发挥法庭查明量刑事实的功能，增强量刑的公开性和透明度，实现阳光审判、透明司法。但是，这次改革并不意味着否定过去量刑的公正，而是使量刑活动更加公开、透明，在阳光下运行；使人民群众最关心的量刑问题在法庭上查清、说明；使量刑事实查明在法庭，量刑证据质证在法庭，量刑理由和依据辨明在法庭，量刑结果释理在法庭，确保量刑公正和均衡，实现公平正义。

多年来的探索与实践表明，量刑规范化改革在规范司法行为，深入开展三项重点工作等各个方面，起到了良好的推动作用，取得了明显成效。一是量刑更加公正和均衡。上诉率、抗诉率以及二审改判、发回重审率普遍下降，有的法院出现“零上诉、零抗诉、零信访”，案件质量明显提高。例如，湖北省法院2010年10月1日至12月31日，共审结十五个量刑规范化罪名案件5815件9124人，上诉率仅为6.7%，较2010年1月至9月的上诉率下降近一半，且无一被检察机关抗诉；改判率较试行前下降近40%，且基本上无因量刑不当而改判。二是当庭认罪率、调解撤诉率、退赃退赔率、当庭宣判率和服判息诉率明显上升，有力推动了社会矛盾化解，有利于实现案结事了。例如，湖北省天门市法院2010年10月1日后附带民事诉讼案件的调解率达到了82%，调解款的兑现率达到了100%。湖北省应城市法院附带民事诉讼案件的调解率更是高达88%，且无一因办案不当而引发当事人缠访闹访。三是量刑过程更加公开和透明，有效预防“人情案、关系案、金钱案”的发生，有利于实现公正廉洁司法。正如一名基层法院的庭长所言：“过去经常受到各方干扰，压力特别大，现在好多了，不管是领导干部还是亲朋好友，只要向其解释每个量刑情节都有从重、从轻的标准，他们都能理解。”四是人民群众更加满意，人民法院的公信力和权威性进一步提高。量刑规范化的不断推进，不仅为法院其他审判工作和执行工作的规范化建设起到了示范作用，也带动了侦查、起诉和律师辩护水平的提升。被告人服判息诉的多了，上诉、抗诉的少了，怀疑、批评裁判不公的少了，信任、赞扬司法公正、高效的多了，群众满意度不断上升。正如一名被告人家属说：“过去有案就想找熟人，钻门子，现在这样，不用找谁了。”量刑规范化已成为当前人民法院工作的一大特色和工作亮点，得到了人大代表、政协委员和社会各界的高度评价与大力支持。

总的说，量刑规范化试行工作进展顺利，卓有成效。党委、人大对量刑规范化改革高度评价，公安、安全、检察、司法行政等部门积极支持，专家学者理论认同，人民群众充满期待。但我们也清醒地看到，量刑规范化改革是一项全新的工作，目前还处在试行阶段，工作中仍然存在认识不到位、发展不平衡、协调配合不够、理论研究和实证研究有待进一步加强等问题，而且还可能遇到各种各样的新情况新问题，需要有一个不断总结、不断完善、不断提高的过程。这是一项长期的任务。

3. 推进量刑规范化改革，如何保障各个司法机关之间的“独立”和“制约”？

答：“分工负责，互相配合，互相制约”这是司法机关机关办案的一条基本原则。事实上，这就是独立办案、互相配合、相互制约的问题。不管是量刑规范化改革前还是量刑规范化改革后，各司法机关都应当依法独立办案，依法独立行使职权，以保证准确有效地执行法律。当然，在相互独立办案的同时，也存在相互制约的问题，比如，检察机关作为法律监督机关，其在侦查机关的调查取证过程中，依法对侦查机关调查取证行为是否合法进行监督，在审查起诉过程中，对调查取证不充分的，依法要求侦查机关补充侦查，这是对侦查机关的监督制约；同时，对法院的审判程序、裁判结果是否合法公正进行监督，提出纠正意见，这是对法院的监督、制约；侦查机关对法院的判决结果，如有不同意见的，也可通过检察机关提出意见。法院对侦查、检察机关的制约主要表现在对案件事实证据的审查把关方面，如果移送审查起诉的犯罪事实不清、证据不足，可以建议检察机关、侦查机关补充证据并延期审理，或者作出无罪判决。司法机关之间在执法过程中互相制约是非常必要的，这是确保依法办案、确保办案质量的必然要求。

量刑规范化改革是一项全新的工作，涉及公、检、法、司等政法各部门的工作，不仅需要政法各部门间彼此独立、相互制约，更需要密切配合，协调一致。这种配合与协调是一种工作层面上、工作机制上的配合与协调，是建立在政法各部门彼此独立，且各司其职、各尽其责的基础之上。否则，量刑规范化改革难以推进，更难以取得实效。比如，侦查机关在侦查阶段，不但要注重调取定罪方面的证据，而且还要调取量刑方面的证据，不但要调取法定量刑情节的证据，而且还要调取酌定量刑情节方面的证据，否则，就没有公正量刑的基础；控辩双方在法庭审理过程中，要充分发表量刑意见和建议，控辩双方要充分形成对抗的局面，这样更有利于法庭查明量刑事实，法官做到兼听则明，确保量刑公正。由此可见，量刑规范化改革更加强调和注重对公、检、法、司政法各部门职责的强化和完善，从而更加有效地实现公、检、法、司各部门的监督和制约，确保规范量刑，实现量刑公正。

2010 年 11 月，我们会同最高人民检察院、公安部、国家安全部、司法部联合下发《关于加强协调配合积极推进量刑规范化改革的通知》，其目的就是明确政法各部门的职责，加强对政法各机关的彼此监督和制约，为量刑规范化改革的顺利推进提供有力保障。具体而言：第一，公安、检察机关需加强调查取证工作，扩大调查取证范围，特别要更加注重收集证明犯罪嫌疑人、被告人无罪、罪轻的证据，更加注重查明案件起因、被害人过错、退赃退赔、民事赔偿、犯罪嫌疑人、被告人一贯表现等各种酌定量刑情节，为公正量刑奠定基础；第二，检察机关要强化审查起诉工作、客观全面审查案件证据，依法规范提出量刑建议，并注重量刑建议的质量和效果；第三，要求加强律师辩护工作指导，加大法律援助工作力度。各级司法行政机关、律师协会要加强对律师辩护工作的指导，加大法律援助工作力度；第四，法院要保障量刑程序的相对独立性，要合理安排定罪量刑事实调查顺序和辩论重点，同时，要加强与公安、检察、司法等政法各部门的沟通协调，确保量刑规范化改革的稳步推进。

4. 量刑规范化改革如何保证辩护律师的充分参与？

答：“两高三部”《关于规范量刑程序若干问题的意见（试行）》规定，对于公诉案件，人民检察院可以提出量刑建议；在诉讼过程中，当事人和辩护人、诉讼代理人可以提出量刑意见，并说明理由。量刑规范化改革的一个亮点就是在法庭审理中引入了量刑建议，检察机关有了量刑建议，被告人及辩护律师就有了进行量刑答辩的依据。实践中，由于多数被告人法律素质较低，往往又没有能力委托辩护人，同时也不属于指定辩护的对象，使得被告人处于不利的地位，影响了其辩护权的行使，不利于量刑的公正。

试点表明，量刑规范化工作如果没有律师的参与，被告人对依法从重不理解，也不懂得如何寻找对自己有利的罪轻证据。随着量刑规范化改革的推进，辩护律师的作用越来越重要。如果没有律师的参与，公开、透明、规范的效果难以实现。据此，为保证辩护律师充分参与量刑程序，“两高三部”《关于规范量刑程序若干问题的意见（试行）》规定，对于公诉案件，特别是被告人不认罪或者对量刑建议有争议的案件，被告人因经济困难或者其他原因没有委托辩护人的，人民法院可以通过法律援助机构指派律师为其提供辩护。

为更好地促进律师辩护工作落到实处，更好地推进量刑规范化改革，2010 年 11 月“两高三部”下发的《关于加强协调配合积极推进量刑规范化改革的通知》明确要求，要加强律师辩护工作指导，加大法律援助工作力度。各级司法行政机关、律师协会要加强对律师辩护工作的指导，完善律师办理刑事案件业务规则，规范律师执业行为。律师办理刑事案件，要依法履行辩护职责，切实维护犯罪嫌疑人、被告人的合法权益。司法机关应当充分保障律师执业权利，重视辩护律师提出的量刑证据和量刑意见。司法行政机关要进一步扩大法律援助范围，加大法律援助投入，壮大法律援助队伍，尽可能地为那些不认罪或者对量刑建议有争议、因经济困难或者其他原因没有委托辩护人的被告人提供法律援助，更好地保护被告人的辩护权。

5. 有学者认为检察机关的量刑建议有越俎代庖之嫌，量刑建议会误导法官，并给法官产生不应有的压力，影响案件的公正判决。对此如何看待？当出现量刑建议与法院量刑结果不一致情况时该如何处理？

答：引入量刑建议，是量刑程序改革的一大亮点，解决了长期以来备受争议的问题，有利于增强量刑的公开性和透明度，有利于人民法院公正量刑。“两高三部”《关于规范量刑程序若干问题的意见（试行）》规定，明确了检察机关提出量刑建议的时间、量刑建议的内容、量刑建议的方式以及量刑建议的变更问题，为规范量刑建议权的行使提供了依据。

在经过广泛调研和试点后，我们认为，学者的上述担心是不必要的。原因在于：第一，量刑建议权是公诉权的一个组成部分，是公诉机关就个案中被告人的量刑问题所提出的主张，是充分发挥公诉职能的必要体现，也是被告人进行量刑答辩的依据。对于法院而言，人民检察院的量刑建议可以促使法院审慎量刑，从而避免法官量刑权的滥用或误用。第二，《宪法》和《刑事诉讼法》也都明确规定，包括刑罚裁量权在内的审判权是专属于人民法院的司法权力。因此，无论是公诉人的量刑建议还是被告人、被害人以及辩护人、诉讼代理人的量刑意见，对于法院和审判法官而言，都不具有强制约束力。量刑意见作为一种诉讼主张，对其是否予以采纳，法官享有裁量权：如果量刑意见合理合法，法官自应依法予以支持，否则，法院当依法不予支持。

量刑建议是公诉机关根据己方掌握的量刑材料及其对刑法的理解所提出的主张，而法院的量刑则是在综合考虑控辩双方的意见和全案的量刑材料以及可能影响量刑的各种因素后所得出的结论。因此，量刑建议与法院量刑结果有时出现不一致的情况，既是一种客观现象，也是一种正常现象。为避免产生不必要的检、法冲突或者当事人与法院之间的矛盾，我们一方面要加强与有关部门尤其是检察机关的沟通，解决量刑建议的提出方式，另一方面可以加大裁判文书中量刑理由的说理力度。只要法院的量刑过程和量刑结果是公开、公正的，自然不必担心抗诉或上诉问题。

如何规范量刑建议，“两高三部”《关于规范量刑程序若干问题的意见（试行）》、《关于加强协调配合积极推进量刑规范化改革的通知》明确要求，检察机关要继续完善量刑建议制度。要坚持积极、慎重、稳妥的原则，由易到难，边实践边总结，逐步扩大案件适用范围。要依法规范提出量刑建议，注重量刑建议的质量和效果。量刑建议一般应当具有一定的幅度，这样，可以避免检、法之间或者法院与当事人之间不必要的矛盾或冲突，确保取得好的裁判效果。

6. 针对现行刑罚制度比较粗放、法定刑幅度较大、法官裁量空间比较大等情形。最高人民法院除推出量刑规范化改革之外，是否还有其他措施进行规范？

答：量刑问题是一个很复杂的问题，量刑之所以存在偏差、不平衡的问题，原因是多方面的，有立法方面的问题，也有司法层面的问题，有主观方面的原因，也有客观方面的原因。量刑规范化改革是解决量刑问题的一个重要举措，但也不可能通过量刑规范化改革就彻底解决量刑的问题。据此，最高人民法院除了进行量刑规范化改革外，还采取了其他一些措施：一是制发《关于贯彻执行宽严相济刑事政策的若干意见》。宽严相济既是我国一项基本刑事政策，也是量刑的一项指导原则。《关于贯彻执行宽严相济刑事政策的若干意见》的出台，为正确行使刑罚裁量权提供了政策依据，确保在量刑过程中，做到该宽则宽，当严则严，宽严相济，罚当其罪，更好地实现法律效果和社会效果的统一。二是出台相关刑事司法解释和业务指导文件，统一法律适用标准。先后制定了《最高人民法院关于处理自首和立功若干具体问题的意见》、“两高”《关于办理商业贿赂刑事案件适用法律若干问题的意见》、《最高人民法院关于审理洗钱等刑事案件具体应用法律若干问题的解释》等相关司法解释和业务性文件，对正确适用法律，准确定罪量刑发挥了重要作用。三是建立案例指导制度。通过发布典型案例，对适用法律、定罪量刑工作进行指导，统一法律适用尺度。四是大力推进一、二审程序改革。明确二审开庭审理的范围，充分发挥检察机关、辩护律师在二审程序中的作用，确保二审程序公开公正。同时，将相对独立的量刑程序纳入一审程序改革范围，争取通过立法将量刑纳入法庭审理程序，确保量刑公正公开，确保办案质量。

7. 此次的量刑指导意见中明确量刑标准的只有15项犯罪。对于那些曾经备受民众关注国家工作人员实施贪污、受贿、渎职等贪腐犯罪如何量刑，标准如何，却不在此次规范量刑的指导文件中，为什么呢？

答：量刑改革工作是一项艰巨、浩大的系统工程，不可能一蹴而就。我们立足当前，着眼长远，一切从实际出发，本着量力而行、尽力而为、先易后难和循序渐进的原则，逐步规范和解决量刑问题。目前，选择了常见、多发的交通肇事、故意伤害、抢劫、盗窃、毒品等15种犯罪进行规范，这部分案件占了基层法院刑事案件的90%左右，这些案件的量刑规范了，多数案件的量刑也就规范了，并能为其他犯罪的规范化量刑提供经验。同时我们考虑先对司法实践中适用最多、经验相对丰富的有期徒刑进行规范，待条件成熟后，再对其他刑罚的适用进行规范。下一步，我们的目标是逐步扩大包括贪污、受贿、渎职等贪腐犯罪在内的规范化罪名，试点成熟一个，规范一个，不断充实和完善量刑指导意见，使全国法院绝大多数案件的量刑得到有效规范。从长远来说，争取经过若干年的努力，逐步形成一部罪名较为齐全的、比较系统的、有中国特色的量刑指导意见，最大限度地实现量刑公正和均衡，最大限度地实现社会公平正义。

（原载《中国新闻周刊》2011 年第 9 辑）

量刑规范化改革：在实践中前行

——访最高人民法院刑三庭庭长戴长林

"同案不同判"一直备受社会诟病。为根治这一"顽疾"，从 2010 年 10 月 1 日起，量刑规范化改革在全国全面试行。改革一年来进展如何？是否达到了预期目标？本刊记者就此专访了最高人民法院刑三庭庭长戴长林。

记者：请您谈谈量刑规范化改革试行工作的背景。

戴长林：长期以来，我国各级人民法院严格依法办案，认真贯彻落实宽严相济的刑事政策，对犯罪分子所判处的刑罚是公正的，办案质量和办案效果是好的。但由于《刑法》规定的法定刑幅度过于宽泛，对一些具体量刑情节规定得比较原则，司法实践中没有统一遵循的量刑方法和量刑步骤，法官往往凭经验"估堆"量刑；《刑事诉讼法》对量刑程序没有具体规定，法庭审理中缺乏相对独立的量刑程序，有的量刑事实在法庭上没有得到有效的调查和辩论；加上法官认识水平参差不齐，裁量权没有得到有效规范，导致有的案件量刑不均衡，甚至不公正；一些本来公正的判决也因量刑活动公开不够，受到当事人和人民群众的质疑，在一定程度上影响了司法的公信力和权威。

随着我国经济社会的快速发展和人民群众法治意识的增强，人民群众对人民法院量刑工作提出了一系列新要求新期待：不仅要求定罪正确，还期待量刑均衡公正；不仅要求量刑规范，还期待量刑公开透明；不仅要求公开裁判文书，还期待增强裁判说理；不仅要求参与法庭审理，还期待对量刑发表意见。在这种大背景下，中央审时度势，作出了量刑规范化改革的部署要求。可以说，量刑规范化改革，是时代的呼唤、人民的需求，建设和谐社会的需要。

从长远来看，这项改革的顺利施行，将更加有利于依法准确惩罚犯罪，保障公民的诉讼权利，维护社会和谐稳定，提高司法公信力。当然，事物是不断发展变化的。任何一项改革都是一定历史阶段的产物，具有鲜明的时代特征。现在的量刑规范化改革方案适应当前的时代要求，但随着社会的发展，现在研究推行的量刑方法、量刑制度也不可能是永恒的，需要不断自我完善和自我发展。

最高人民法院从2005年开始对量刑规范化改革进行实质性调研论证，并逐步开展试点，至2009年，试点法院已扩大到全国120多家。在认真总结试点经验、广泛征求意见的基础上，最高人民法院制定了《人民法院量刑指导意见（试行)》，“两高三部”联合制定了《关于规范量刑程序若干问题的意见（试行)》。从2010年10月1日起，在全国法院全面开展量刑规范化试行工作。目前，试行工作进展顺利，总体效果良好。

记者：量刑规范化改革目前取得了什么样的成效?

戴长林：针对量刑活动中存在的问题，结合我国国情和工作实际，量刑规范化改革在实体方面和程序方面双管齐下，主要体现在以下四个方面：一是明确量刑步骤。改变传统“估堆式”的量刑方法，明确量刑步骤，统一量刑思维，使法官的“内心活动”公开、透明。二是将量化引入量刑机制。确立“定性分析和定量分析相结合”的量刑方法，保证量刑不会偏离大方向，实现公正量刑。三是引入量刑建议。增强控辩双方的有效对抗，使法官做到“兼明则明”。四是建立相对独立的量刑程序。充分发挥法庭查明量刑事实的功能，增强量刑的公开性和透明度，实现阳光审判、透明司法。

多年来的探索与实践表明，量刑规范化改革在规范司法行为、深入推进“三项重点工作”等方面，取得了一定成效：

1. 宽严相济刑事政策得到进一步贯彻落实。量刑规范化改革使宽和严的标准更加明确、更加细化、更加具有操作性。该严则严，当宽则宽，区别对待，宽严有度，量刑结果总体上保持平稳，没有大起大落。而且更加符合罪责刑相适应的原则，更加公正和均衡，在很大程度上解决了人民群众反映强烈的“同案不同判”的突出问题，也有利于实现社会公平正义，促进社会和谐稳定。

2. 被告人的合法权利得到进一步保护。量刑规范化改革规定了公诉人依法提出较为具体的量刑建议，因此，被告人及其辩护人也可有针对性地发表具体量刑意见，充分行使量刑辩护权。逐步扩大了法律援助的范围，比如，上海浦东目前能够做到对量刑规范化审理案件中可能判处三年有期徒刑以上刑罚的被告人全部指定辩护律师，做到“应援尽援”。

3. 诉讼管理得到进一步加强和创新。量刑规范化改革改变了过去公安重破案、检察重定罪、法院重定罪、量刑“各扫门前雪”的工作模式。调查取证工作向量刑证据延伸，审查起诉工作向量刑建议延伸，律师辩护工作向量刑答辩延伸，法庭审查工作向量刑释明延伸，有机地将侦查、起诉、审判、辩护各个环节的工作相互衔接起来。并促使政法各部门的工作方式由“粗放型”向“精细型”转变，退侦退查的少了，采纳量刑建议的比率高了，律师辩护的质量和法官的量刑能力进一步提升。

4. 社会矛盾得到进一步化解。刑事案件呈现“三降三升”良好态势，上诉率、抗诉率、上访申诉率相对下降，退赃退赔率、调解撤诉率、服判息诉率相对提升。量刑改革后，湖南法院刑事案件上诉率为5.41%、抗诉率为0.49%、上访申诉率为0.29%，同比均有不同程度下降；吉林省延吉市法院、天津市和平区法院刑事案件上访申诉率均为零；吉林法院刑事案件退赃退赔率为61.43%、调解撤诉率为77.9%、服判息诉率为91.2%，分别上升了17.43%、24.9%、15.2%；重庆法院刑事案件服判息诉率为92.27%；上海市普陀区法院当庭宣判率、服判息诉率均为100%；广西壮族自治区南宁市江南区、邕宁区法院调解撤诉率达100%，取得了良好的审判效果。

5. 公正廉洁司法得到进一步保证。量刑规范化改革使量刑的过程更加公开透明，做到量刑事实查明在法庭，量刑轻重辩论在法庭，裁判说理在法庭，既充分保障了当事人和人民群众对量刑的知情权、参与权和监督权，又能充分发挥检察机关的法律监督作用，有效地遏制了“人情案、关系案、金钱案”的发生。社会各界对改革给予了积极评价，司法公信力进一步提升。据湖南省法院民意调查结果显示，今年上半年民众满意度同比又增加三分，江西省九江市法院人民群众满意率均达95%以上。

记者：试行一年来，量刑规范化改革遇到了哪些问题？

戴长林：虽然试行工作取得了阶段性成效，但也还存在一些突出问题和困难：一是思想认识尚不统一，对改革的必要性和合理性认识不足。二是协调配合不够有力。量刑事实取证不全面，量刑建议不规范，法律援助不落实。三是理解执行不到位。有的法官未能全面、准确掌握量刑的方法、量刑情节的适用以及确定宣告刑的方法，存在片面理解、机械量刑的问题，导致偏轻偏重。四是培训效果不理想。有的地区仍未组织基层办案人员培训，即便是已开展培训的地区，也还需要进一步深化培训内容，切实提高理解和执行试行文件的能力和水平。五是工作发展不平衡。有的地区目前仍然未开展试行工作，有的地区因技术设备条件落后，未能推广应用量刑规范化办案系统，已开展试行工作的地区，发展水平也参差不齐。这些问题的存在，在很大程度上影响了试行工作的深入开展和试行效果。

不管是工作层面的问题，还是具体操作层面的问题，归根到底都与思想认识有关。量刑规范化改革是一项新生事物，有一些不同的认识是正常的，但思想认识问题不应当成为开展试行工作的障碍，实践是检验改革成败的标准，应当在试行中加深理解，在试行中提高认识，让改革成效来说话。上海提出“搁置争议、大胆探索、让改革的实际效果评判”的指导思想是非常务实的，值得各地借鉴。

记者：如何正确认识和把握量刑规范化与贯彻宽严相济刑事政策的关系？

戴长林：量刑规范化是贯彻落实宽严相济刑事政策的重大创新性举措，是宽严相济刑事政策的具体化、明确化、规范化。量刑规范化的目的是为了更好地贯彻宽严相济刑事政策，更好地化解社会矛盾，更好地实现社会公平正义。量刑规范化，既要依法把握好从严的一面，也要依法把握好从宽的一面，切实做到宽严得当，宽严有度。要把宽严相济的刑事政策贯彻到确定量刑起点、确定基准刑、确定量刑情节的调节幅度以及依法确定宣告刑的全过程，确保量刑结果与被告人的罪责相适应，确保量刑不出现大起大落。

例如，在确定量刑情节的调节比例时，要综合考虑案件的基本犯罪事实、量刑情节的具体情况以及被告人主观恶性、人身危险性等因素，从而确定适当的调节比例。量刑情节相同，比如情节相同的投案自首，如果被告人具体罪行轻重不一样，社会危害性的大小不同，从宽的调节比例就应该不一样，如果罪行特别严重的，甚至可以不予从宽处罚，不能片面认为同样的量刑情节就应当适用同样的量刑调节比例，要综合全案具体斟酌。

记者：“同案同判”是民众的法治理想，这在现实生活中有可能吗？

戴长林：量刑规范化与刑罚个别化是对立统一的关系。量刑规范化是一般意义上的规范，而不是绝对的规范，它并不排斥刑罚个别化；刑罚个别化一般也只能在规范的范围内实行个别化，而不是不受任何约束和规范的个别化。量刑指导意见和实施细则规定了量刑起点幅度、增加刑罚量的幅度以及量刑情节的调节幅度，这既是一般意义上的规范，也为刑罚个别化留出了空间，目的就是要实现量刑规范化和刑罚个别化的有机统一。

量刑时，既要防止机械地套用规范化而忽视个别化，也要防止片面追求个别化而否定规范化。量刑规范化不是要追求绝对“同案同判”，这是不切实际的。因为世界上没有任何一个案件是完全相同的，比如同样是轻伤案件，有的伤人头部，有的伤人腿部，被告人的主观恶性、人身危险性不同；同样是自首情节，有的是真诚悔罪，有的是走投无路，自首的意义也不同，因而判决的结果也不能千篇一律。

记者：有人担心，量刑规范化会限制法官的自由裁量权。请问您对此怎么看？

戴长林：量刑规范化是量刑方法和量刑步骤的明确化，是量刑标准和尺度的具体化，是量刑全过程的公开化，说到底，是规范法官自由裁量权的行使，使自由裁量权的行使更加规范、更加公开、更加透明，更有说服力。量刑指导意见所规定的量刑起点幅度和量刑情节的调节幅度是在大量实证基础上确定的，实践证明也是符合审判实际和量刑需要的，在规定的幅度范围内，法官享有充分的自由裁量权。在幅度范围外，法官还享有10%的综合裁量权。如量刑结果还不能满足罪责刑相适应原则的需要，可以通过审判委员会等组织讨论的途径对量刑结果进行调整，确定宣告刑。可以说，量刑规范化是将量刑裁量权由法官一次性（估堆式）行使，规范为分步骤行使。它不会限制，更不会剥夺法官的自由裁量权，反而会更好地引导、规范法官量刑裁量权的正确行使，实现量刑公正。量刑始终是一项复杂的需要充分发挥法官主观能动性和聪明智慧才能做好的工作，所谓量刑规范化限制、剥夺了法官自由裁量权的担心是完全没必要的。

记者：每个案件都分步量刑，是否会影响办案效率？公正与效率如何兼顾？

戴长林：我们在改革之初就特别注意办案效率问题。目前，我国法院特别是基层法院普遍存在案多人少的突出矛盾，刑事法官每天都从事着大量的量刑活动，这就要求量刑规范化改革不仅要关注量刑公正的问题，同时也要考虑审判效率的问题。公正永远是第一位的。但“迟来的公正不是公正”，我们必须在确保公正的前提下，兼顾办案效率。实事求是地讲，将量刑纳入法庭审理程序，实行分步量刑，法官花费在法庭审理、量刑环节的时间和精力多了，这是必然的，但是量刑规范化改革以后，对调查取证工作的要求更高了，案件基础也更好了，事实、证据问题、法律适用问题、量刑问题基本上都可以在法庭上解决，法官不需要在庭前、庭后花费更多的时间调查核实事实、证据问题，很多案件当庭就可以宣判，从而缩短了整个办案周期，提高了办案效率。另一方面，《人民法院量刑指导意见（试行）》明确了量刑标准，避免了来自社会上的不当干扰，法官办案没有了心理压力，效率也在不断提高。此外，目前正在全国基层法院推广应用的量刑规范化办案系统，亦有助于进一步提高办案效率。实践证明，量刑规范化改革是符合工作实际和量刑规律的，量刑方法简便易行，操作性强，而且，经过培训以及较长时间的试行以后，绝大部分办案法官已经熟练掌握了量刑的基本方法、确定基准刑的方法、确定宣告刑的方法以及相对独立的量刑程序，办案效率不但没有受到影响还普遍得到了提高。如广州市白云区法院在试点期间审结刑事案件的数量同比增长了20.67%，法官人均每月结案增长了20%。据哈尔滨市松北区法院统计，试点案件平均审理期限为23天，比试点前平均缩短15天。此外，我们还要看到，由于案件的上诉率、抗诉率、上访申诉率普遍降低，大大地减轻了二审、申诉的工作负担和压力，大大节约了诉讼资源和诉讼成本，上级法院可以集中更多的时间和精力更好更快地办理好大案要案，确保办案质量和效率。这也是量刑规范化改革的重要成效之一。

记者：量刑规范化改革目前正在全国平稳推进，请问法院下一步工作重点是什么？

戴长林：量刑规范化改革是一项长期而艰巨的工作任务，虽然目前还处在起步阶段，需要有一个不断总结、不断完善、不断提高的过程。但我们欣喜地看到，经过一年的试行，量刑规范化改革有了一定的社会基础和实践基础，并逐步走向成熟，为下一步在全国正式实施奠定了基础。下一步要着重抓好以下几方面的工作：

1. 认真总结试行工作经验，修改完善试行文件。最高人民法院将适时对全国法院试行情况进行总结，对试行文件进行全面修改，为量刑规范化改革正式实施做准备。各地可逐步扩大规范化罪名，试点成熟一个，规范一个。

2. 进一步深化培训。不仅要培训业务部门的领导同志，更要侧重于基层办案人员；培训内容不仅要包括量刑规范化改革的宏观方面，更要侧重于对实施意见的理解和适用，以及对办案系统的具体应用，增强培训针对性和实效性，进一步提高刑事法官规范量刑的能力和水平。

3. 进一步加强量刑理论研究。要进一步完善量刑方法和量刑制度，为量刑规范化改革提供理论支撑和智力支持，促进量刑规范化改革健康发展。

4. 进一步加大宣传工作力度。要边做边说，进一步巩固和扩大改革成果，让广大人民群众更充分地感受到改革的明显成效，为在全国全面实施营造良好的社会氛围。

（原载《中国审判》2011年第10期）

宽严相济与量刑规范化

戴长林*

宽严相济刑事政策，是党中央在构建社会主义和谐社会新形势下提出的一项重要政策，是我国的基本刑事政策，是司法机关惩罚犯罪，预防犯罪，保护人民，保障人权，正确实施国家法律的指南。它对于最大限度地预防和减少犯罪、化解社会矛盾、维护社会和谐稳定，具有特别重要的意义。特别是，在中国特色社会主义法律体系已经形成，[①] 总体上解决了有法可依的问题，有法必依、执法必严、违法必究的问题就显得更加突出、更加紧迫。在这种情况下，如何在刑事审判工作中贯彻落实宽严相济的刑事政策，确保国家法律的正确实施，就成为了人民法院当前和今后相当长一个时期内的重要工作任务。最高人民法院根据中央司法改革的部署要求，于2010年2月出台了《最高人民法院关于贯彻宽严相济刑事政策的若干意见》（以下简称《意见》），对人民法院在刑事审判工作中如何更好地贯彻落实宽严相济的刑事政策，提出了具体、明确的要求。同时积极稳妥推进量刑规范化改革，于2010年9月研究制定了《人民法院量刑指导意见（试行）》（以下简称《量刑指导意见》），并会同最高人民检察院、公安部、国家安全部、司法部联合制定了《关于规范量刑程序若干问题的意见（试行）》（以下简称《量刑程序指导意见》），将量刑纳入法庭审理程序，规范刑罚裁量权，并从2010年10月1日起在全国全面试行。实践充分证

---

* 最高人民法院审判委员会委员、刑事审判第三庭庭长。

① 吴邦国同志指出："一个立足中国国情和实际、适应改革开放和社会主义现代化建设需要、集中体现党和人民意志的，以宪法为统帅，以宪法相关法、民法商法等多个法律部门的法律为主干，由法律、行政法规、地方性法规等多个层次的法律规范构成的中国特色社会主义法律体系已经形成，国家经济建设、政治建设、文化建设、社会建设以及生态文明建设的各个方面实现有法可依。这是我国社会主义民主法治建设史上的重要里程碑，具有重大的现实意义和深远的历史意义。"吴邦国：《形成中国特色社会主义立法体系的重大意义和基本经验》，载《求是》2011年第3期，第3页。

明，量刑规范化改革对于进一步落实《意见》的原则精神，更好地贯彻落实宽严相济的刑事政策发挥了重要作用，取得了良好的法律效果和效果。

一、深刻认识和正确把握宽严相济的刑事政策

党的十六届六中全会，站在时代和全局的战略高度，科学分析新世纪新阶段党和国家面临的新形势新任务，作出了《中共中央关于构建社会主义和谐社会若干重大问题的决定》。《决定》科学分析了影响社会和谐的突出矛盾和问题，深刻阐述了在我国经济社会发展现阶段构建社会主义和谐社会的重要性和紧迫性，明确提出要实施宽严相济的刑事司法政策。由惩办与宽大相结合到宽严相济，是我们党和国家基本刑事政策的又一次历史性的伟大发展，是党和国家在新时期加强和改进社会管理的重大创新。它反映了新时期我们党和国家对犯罪治理策略和刑事政策功能有了与时俱进、更加深刻的认识，即犯罪治理不是一个孤立的问题，而确确实实是一项综合的社会工程；惩治犯罪只是手段，通过惩治犯罪有效化解社会矛盾、预防犯罪发生乃至促进社会和谐才是真正目的；刑事政策不只是一项指导刑事立法和司法的、单纯解决犯罪问题的政策，而且在更高层面上关系到构建和谐社会的大局。

宽严相济，作为一项基本刑事政策，在司法实践中，主要是指基于对社会形势和犯罪态势的科学判断，针对具体犯罪、具体犯罪人的不同情况，应当实行区别对待，综合运用从宽和从严两种手段处理案件，以做到既有力打击和震慑犯罪，维护法制的严肃性，又尽可能减少社会对抗，化消极因素为积极因素，最大限度实现法律效果与社会效果的统一。宽严相济刑事政策的核心是区别对待，目标是促进社会和谐稳定，关键是要做到该宽则宽，当严则严，宽严相济，罚当其罪。

要全面把握“宽”与“严”。宽，是对较轻犯罪或者具有从宽情节的被告人依法予以从宽处理，尽可能减少社会对立面，分化瓦解犯罪分子，促进社会和谐；严，是对严重犯罪或者具有从重情节的被告人依法从严惩处，体现刑罚的惩罚、警示和震慑作用，目的是有效预防犯罪，维护社会稳定。应当特别注意的是，即使是犯有严重罪行的人，如果具有从宽情节，仍然可以甚至应当依法从宽处罚；同样，犯有较轻罪行的被告人，如果具有从重情节，也要依法体现从严。

要坚持宽严并用。周永康同志指出，该严不严，重罪轻判，严重犯罪难以遏制，社会不会安宁；该宽不宽，轻罪重判，对抗性因素增加，社会也不会和谐。一味从宽，该严不严，势必会影响惩罚、震慑犯罪的刑罚功能的发挥，妨碍预防犯罪的刑罚目的的实现，不利于保障社会稳定；一味从严，当宽不宽，则难以保障刑罚的改造效果和分化瓦解犯罪的功效，并容易人为导致社会对立面的增加，不利于促进社会和谐。因此，在任何时期、任何地方，对任何案件，都要坚持宽严并用，不可偏废。

要讲究审时度势。刑罚是惩防犯罪、治理社会的一种手段。社会形势、犯罪态势在一定时期、一定地区往往会有不同，相应地，罪与罚的运用策略也必须要随之有所调整，以收因时制宜、因地制宜，“事半功倍”之效。也就是说，宽严相济刑事政策中的宽与严都是相对的，不是绝对的；是动态的，不是僵化的。应当适应不同时期、不同地区社会形势和治安状况的具体情况，基于对当时、当地形势以及未来一段时期可能的发展变化的科学分析和判断，正确把握宽与严的具体适用对象和尺度，以确保罚当其罪，最大限度发挥刑罚功能，最大限度实现刑罚目的。

要做到宽严有度。“度”就是法律的规定。要正确认识、处理好政策与法律的关系。政策是法律的灵魂，法律是政策的具体化。一方面，既不能因为教条强调“依法”审判而忽视、漠视政策的根本指导意义。缺少对政策的透彻领悟，不可能掌握法律的精髓，不可能正确理解和适用好法律，也就不可能真正做到依法审判；另一方面，也不能以“体现”政策为由而置现行法律的基本规定于不顾，突破法律的规定搞“法外施恩”或“法外施刑”。在具体执行宽严相济政策处理实际案件时，必须在政策精神的原则指导下，在准确认定犯罪的社会危害性及犯罪人的人身危险性的基础上，恰当地行使自由裁量权，在法律允许的范围内，正确地把握宽与严的尺度，做到于法有据、以法为度。

为确保宽严相济刑事政策在刑事审判工作中得以切实贯彻执行，《意见》就“贯彻宽严相济刑事政策的总体要求”、“准确把握和正确适用依法从‘严’的政策要求”、“准确把握和正确适用依法从‘宽’的政策要求”、“准确把握和正确适用‘相济’的政策要求”以及“完善贯彻宽严相济刑事政策的工作机制”等五方面提出了具体、明确的要求。一方面，强调要继续坚持依法严惩严重刑事犯罪的方针；另一方面，也较为全面地规定了自首、立功、初犯、偶犯、未成年犯等“从宽”处罚的情形以及如何正确把握从宽情节；对原来法律没有明文规定的情况提出指导性处理意见，如首次对于老年人犯罪是否从宽处罚、如何从宽处罚作了明确规定；对法律虽有规定，但规定较为原则的情况加以明确，如进一步细化了对累犯和毒品再犯从重处罚的原则；针对司法实践中的一些难点问题作出规定，如对于“从宽”与“从严”情节并存的案件，提出了如何处理的原则，等等。《意见》是人民法院深入贯彻落实科学发展观，践行社会主义法治理念的重大举措，是人民法院全面贯彻宽严相济刑事政策的纲领性文件。《意见》的出台，对于进一步贯彻落实好宽严相济的刑事政策具有重要而深远的意义。

二、量刑规范化改革是贯彻落实宽严相济刑事政策的重大创新性举措

长期以来，我国各级人民法院严格依法办案，认真贯彻落实宽严相济的刑事政策，对犯罪分子所判处的刑罚是公正的，办案质量和办案效果是好的。但由于《刑法》规定的法定刑幅度过于宽泛，对一些具体从重或从宽量刑情节规定得比较原则，司法实践中没有统一遵循的量刑方法和量刑步骤，法官往往凭经验“估堆”量刑；《刑事诉讼法》对量刑程序没有具体规定，法庭审理中缺乏相对独立的量刑程序，有的从重或从宽的量刑事实在法庭上没有得到有效的调查和辩论；加上法官认识水平参差不齐，裁量权没有得到有效规范，导致有的案件出现宽严不一的问题，量刑结果不均衡，甚至不公正；一些本来公正的判决也因量刑活动公开不够，受到当事人和人民群众的质疑，在一定程度上影响了司法的公信力和权威。中央根据新时期新形势，审时度势作出量刑规范化改革部署，主要目的是进一步规范法官审理刑事案件的刑罚裁量权，通过将量刑纳入法庭审理程序，增强量刑的公开性与透明度，统一法律适用标准，更好地贯彻落实宽严相济的刑事政策。

1. 对法定刑进行合理细分，明确轻重有别的量刑起点幅度。刑法根据不同犯罪的性质以及罪行大小设置了轻重有别的法定刑幅度，在刑事立法上充分体现了宽严相济的刑事政策。《意见》进一步明确了从“严”或者从“宽”惩处的犯罪类型，为法官裁量刑罚确立了总的政策导向。但是由于刑法规定的法定刑幅度过于宽泛，[①] 法官根据被告人罪行的大小，在一个幅度如此宽泛的法定刑幅度内准确确定所应判处的刑罚，难度是相当大的，难免会出现偏轻偏重，甚至畸轻畸重的问题，不利于宽严相济刑事政策在司法实践中的贯彻落实。针对法定刑幅度过于宽泛，法官自由裁量权过大的问题，《量刑指导意见》根据《刑法》的规定，对15种常见犯罪的法定刑幅度进行合理细分，明确了轻重有别的量刑起点幅度，[②] 比如，《量刑指导意见》规定，诈骗数额达到较大起点的，可以在三个月拘役至六个月有期徒刑幅度内确定量刑起点；故意伤害致一人重伤（情节一般）的，可以在三年至四年有期徒刑幅度内确定量刑起点；抢劫一次（情节一般）

---

① 在刑法分则规定的法定刑当中，依法可处五年有期徒刑以下或者三年有期徒刑以下，或者可处三年或者五年有期徒刑以上至十年有期徒刑的罪名很多，上下限差值在5年以上的法定刑有270多个，占总数的40%。

② 目前，只选择了常见、多发的交通肇事、故意伤害、抢劫、盗窃、毒品等15种犯罪进行规范，这部分案件占了基层法院刑事案件的90%左右，这些案件的量刑规范了，多数案件的量刑也就规范了，并能为其他犯罪的规范化量刑提供经验。

的，可以在三年至五年有期徒刑幅度内确定量刑起点，等等。法官量刑时，首先根据基本犯罪构成事实在相应的量刑起点幅度内确定具体的量刑起点，使量刑不会偏离大的方向。

2. 将量化引入量刑机制，统一宽严有度的量刑情节适用标准。量刑情节的适用是实现量刑公正的关键。《刑法》对各种从重、从轻处罚情节作了原则性的规定，至于如何适用这些从重、从轻处罚情节，刑法和司法解释没有进一步明确。《意见》虽然较为全面地规定了各种"从严"或者"从宽"处罚的情形以及如何正确把握从严和从宽情节，但从严或者从宽多大的幅度，并没有进一步明确。比如，对于较轻犯罪的初犯、偶犯，应当综合考虑其犯罪的动机、手段、情节、后果和犯罪时的主观状态，酌情予以从宽处罚。由于量刑情节的适用缺乏统一的量化标准，从而导致实践中出现宽严尺度把握不准，甚至宽无边、严无度的情况，严重消弭了宽严相济刑事政策的积极效果。将量化引入量刑机制，这是量刑规范化改革的重大创新。《量刑指导意见》将量刑情节进行量化，将酌定量刑情节予以固化，[①] 采用百分比的形式明确了14种常见量刑情节以及一些个罪量刑情节的调节幅度，统一了量刑情节的适用标准。例如，对于自首情节，综合考虑投案的动机、时间、方式、罪行轻重、如实供述罪行的程度以及悔罪表现等情况，可以减少基准刑的40%以下；犯罪较轻的，可以减少基准刑的40%以上或者依法免除处罚。对于累犯，应当综合考虑前后罪的性质、刑罚执行完毕或赦免以后至再犯罪时间的长短以及前后罪罪行轻重等情况，可以增加基准刑的10%~40%。将量刑引入量刑机制，使量刑活动从'估堆'走向量化，从模糊走向清晰，从不可评估走向可以估算，使量刑工作的实用性、公正性、可操作性大大增强，为贯彻落实宽严相济的刑事政策创造了条件。

3. 明确量刑步骤，建立"定性分析和定量分析相结合"的量刑方法。量刑既是一个经验问题，也是一个方法问题。传统的量刑方法可以说是"经验量刑法"或"综合估量法"，法官根据案件基本犯罪事实和各种量刑情节，进行综合分析判断，一次性估量出宣告刑。这种方法最大的弊端就是量刑过程和步骤不明晰，对被告人的犯罪行为以及各种量刑情节没有一个量化分析过程，主要依靠法官个人的法律修养和实践经验进行"估堆"量刑。如前所述，由于法定刑幅度相对较大，各种从重、从轻情节又没有统一的量化标准，因此，不同的法官由于学识、素养、经验不同，即使对案情相同或相似

① 《量刑指导意见》将退赃、退赔，积极赔偿被害人经济损失，取得被害人或其家属谅解，因婚姻家庭、邻里纠纷等民间矛盾激化引发犯罪等酌定量刑情节予以固化，并明确了调节幅度。

的案件，往往会有不同的“估法”，有的估得重一点，有的估得轻一点，其结果自然会出现因人而异的情况，有的甚至差异还很大，影响了宽严相济刑事政策的贯彻落实。量刑规范化改革，在总结量刑实践经验的基础上，将量刑步骤分为三步：第一步，根据基本犯罪构成事实在相应的法定刑幅度内确定量刑起点；第二步，根据其他影响犯罪构成的犯罪数额、犯罪次数、犯罪后果等犯罪事实，在量刑起点的基础上增加刑罚量确定基准刑；第三步，根据量刑情节调节基准刑，并综合考虑全案情况，依法确定宣告刑；同时确立了“定性分析与定量分析相结合”的量刑方法，强调量刑过程中注重定性分析的同时，要注重对犯罪行为和量刑情节进行量化分析，在准确确定基准刑和量刑情节的调节比例的基础上，准确判处被告人的刑罚。明确量刑方法和步骤，对犯罪行为和量刑情节进行定量分析，不仅有利于法官的具体操作，有利于增强量刑的公开性和透明度，从而实现量刑的公正和均衡；而且更有利于贯彻落实宽严相济的刑事政策，从而达到控制和减少犯罪的目的，取得更好的法律效果和社会效果。

4. 在量刑程序当中引入量刑建议，建立相对独立的量刑程序。长期以来，由于受“重定罪、轻量刑”、“重实体、轻程序”等观念的影响，量刑程序问题一直得不到足够的重视。《刑事诉讼法》仅有两处出现过“量刑”这个法律术语（第一百八十九条和第二百零四条），对量刑程序也没有加以规定。我国庭审程序不区分定罪程序和量刑程序，二者由同一个诉讼程序解决，属于定罪程序和量刑程序合一的模式。在法庭审理中，主要围绕定罪部分讯问、举证、质证和辩论，量刑问题没有得到足够的重视，甚至有的案件在庭审中根本没有提及量刑问题。这与量刑在整个刑事司法活动中的地位和作用是极其不相适应的。由于量刑程序的缺失，从而影响到量刑事实的调查、影响到量刑的公开性和透明度，最终影响量刑的公正性和公信力。从我国现阶段国情和工作实际出发，量刑规范化改革，一方面，在量刑程序当中引入量刑建议，允许控辩双方就量刑问题发表量刑意见，使量刑辩论在法庭真正形成一个控辩审的格局，增强控辩双方的对抗性，使法官做到“兼听则明”，更好地把握宽严相济的刑事政策；另一方面，在法庭审理程序中保持量刑程序的相对独立性。在法庭调查阶段，先就定罪事实和证据进行法庭调查，再相对集中地就量刑事实和证据进行法庭调查；在辩论阶段，分别就定罪和量刑问题展开辩论，增强量刑辩论的针对性。建立相对独立的量刑程序，不但有利于调动控辩双方收集从严和从宽证据的积极性，有利于控辩双方将从宽、从严的证据举证在法庭、质证在法庭、辩论在法庭，使量刑证据的证明力发挥应有的作用，更好地查明量刑事实，为贯彻落实宽严相济的刑事政策奠定坚实基础。

三、以宽严相济刑事政策为指导实现量刑规范化科学化

量刑规范化改革是人民法院为实现量刑公正，在法律规定的量刑幅度内，按照统一的量刑尺度和方法，将量刑纳入法庭审理程序，以规范刑罚裁量权的一种工作机制。量刑规范化改革不是刑事审判工作的自我否定，所确定的基本思路和主要内容都来源审判实践，是对长期以来刑事审判实践经验的总结、继承和发展，是对刑事审判工作的充分肯定。事实证明，改革的方向是正确的，是符合工作实践和量刑规律的。量刑规范化改革对规范量刑方法，统一法律适用标准，规范刑罚裁量权，深入贯彻宽严相济的刑事政策，发挥了重要作用。必须坚持以宽严相济刑事政策为指导，确保量刑规范化改革正确方向，更好地实现量刑的规范化、科学化。实践中，要注意把握好以下几个关系：

1. 要正确认识和把握量刑规范化与贯彻宽严相济刑事政策的关系。量刑规范化是宽严相济刑事政策的具体化、明确化、规范化。量刑规范化的目的是为了更好地贯彻宽严相济刑事政策，更好地化解社会矛盾，更好地实现社会公平正义。量刑规范化，既要依法把握好从严的一面，也要依法把握好从宽的一面，切实做到宽严得当，宽严有度。要把宽严相济的刑事政策贯彻到确定量刑起点、确定基准刑、确定量刑情节的调节幅度以及依法确定宣告刑的全过程，确保量刑结果与被告人的罪责相适应，确保量刑不出现大起大落。例如，在确定量刑情节的调节比例时，要综合考虑案件的基本犯罪事实、量刑情节的具体情况以及被告人主观恶性、人身危险性等因素，从而确定适当的调节比例。量刑情节相同，比如情节相同的投案自首，如果被告人具体罪行轻重不一样，社会危害性的大小不同，从宽的调节比例就应该不一样，如果罪行特别严重的，甚至可以不予从宽处罚，不能片面认为同样的量刑情节就应当适用同样的调节比例，要综合全案具体斟酌。

2. 要正确认识和把握量刑规范化与法官自由裁量权的关系。量刑规范化是量刑方法和量刑步骤的明确化，是量刑标准和尺度的具体化，是量刑全过程的公开化，说到底，是规范法官自由裁量权的行使，使自由裁量权的行使更加规范、更加公开、更加透明，更有说服力。《量刑指导意见》所规定的量刑起点幅度和量刑情节的调节幅度是在大量实证基础上确定的，实践证明也是符合审判实际和量刑需要的，在规定的幅度范围内，法官享有充分的自由裁量权。在幅度范围外，法官还享有10%的综合裁量权。如量刑结果还不能满足罪责刑相适应原则的需要，可以通过审判委员会等组织讨论的途径对量刑结果进行调整，确定宣告刑。可以说，量刑规范化是将量刑裁量权由法官一次性（估堆式）行使，规范为分步骤行使。

不会限制、更不会剥夺法官的自由裁量权，反而会更好地引导、规范法官刑罚裁量权的正确行使，实现量刑公正。所谓量刑规范化限制、剥夺了法官自由裁量权的担心是完全没必要的。

3. 要正确认识和把握量刑规范化与刑罚个别化的关系。量刑规范化与刑罚个别化是对立统一的关系。量刑规范化是一般意义上的规范，而不是绝对的规范，它并不排斥刑罚个别化；刑罚个别化一般也只能在规范的范围内实行个别化，而不是不受任何约束和规范的个别化。《量刑指导意见》和实施细则规定了量刑起点幅度、增加刑罚量的幅度以及量刑情节的调节幅度，这既是一般意义上的规范，也为刑罚个别化留出了空间，目的就是要实现量刑规范化和刑罚个别化的有机统一。量刑时，既要防止机械地套用规范化而忽视个别化，也要防止片面追求个别化而否定规范化。量刑规范化不是要追求绝对“同案同判”，这是不切实际的。因为世界上没有任何一个案件是完全相同的，比如同样是轻伤案件，有的伤人头部，有的伤人腿部，被告人的主观恶性、人身危险性不同；同样是自首情节，有的是真诚悔罪，有的是走投无路，自首的意义也不同，因而判决的结果也不能千篇一律。

4. 要正确认识和把握定性分析与定量分析的关系。量刑规范改革最大的亮点之一是将量化引入量刑机制，建立了“定性分析和定量分析相结合”的量刑方法。定性分析和定量分析是相互统一的关系。作为司法领域的量刑活动，定性分析是基础、是根本，定量分析是手段、是过程，定量分析必须服从和服务于定性分析。定性是定量的依据，定量是定性的具体化，定性当中有定量，定量当中有定性。在量刑过程中，要充分发挥两种方法的长处：定性不够具体的，定量来弥补；不能或者难以定量的，就用定性来弥补。使两种方法相互结合，互为补充，相辅相成，相得益彰。可以说，整个量刑过程，就是不断从定量到定性，又从定性到定量，反复交叉、综合分析的过程。在确定量刑起点、基准刑、量刑情节的调节比例以及宣告刑时，都离不开“定性分析和定量分析相结合”的量刑方法，特别是对于量刑情节对基准刑的调节结果，是否可依法确定为宣告刑，必须综合全案所有事实和情节，对量刑结果的合法性、合理性进行定性分析，如果不符合罪责刑相适应原则的，就应当依据一定程序进行调整，确保量刑公正。量刑规范化改革不是电脑量刑，量刑始终是一项复杂的需要充分发挥法官主观能动性和聪明智慧才能做好地工作。

5. 要正确认识和把握实体公正和程序公正的关系。量刑规范化改革的目的是实现量刑公正。必须充分认识到，量刑公正应当是实体公正和程序公正的统一。既要求人民法院对被告人的量刑做到罚当其罪、罪刑相当，实现量刑结果即实体公正；又要求人民法院必须依照法定程序裁量刑罚，实现程序公正。在推进量刑规范化改革过程中，一定要克服“重实体、轻程序”的观念，树立实体公正与程序公正并重的理念。如果片面追求实体公正而忽视程序公正，那就是失去理性的量刑，犹如算术只有结果没有过程，结果对错也就无从知晓；如果片面强调程序公正而忽视实体公正，那就是失去灵魂的量刑，犹如市场检查只看包装及其标识，品质如何在所不问。在司法实践中，要充分发挥程序公正保障实体公正的价值功能，确保量刑事实查明在法庭，量刑轻重辩论在法庭，裁判说理在法庭，增强量刑的公正性和透明度，通过程序公正确保实体公正，实现社会公平正义。

量刑规范化改革是贯彻落实宽严相济刑事政策的重大创新性举措，是一项长期而艰巨的工作任务，需要有一个不断总结、不断完善、不断提高的过程。经过一年时间的试行，取得了明确的阶段性成效，得到了各地党委、人大、社会各界和人民群众的充分肯定和积极评价，但同时也还存在一些需要总结完善地方，需要进一步修改完善量刑的方法、量刑情节的调节幅度、常见犯罪的量刑意见和量刑程序等内容，切实增强量刑指导意见的科学性，以便更好的贯彻落实宽严相济的刑事政策，取得更好的法律效果和社会效果。

量刑方法的理解与适用

陈学勇*

根据《人民法院量刑指导意见（试行）》（以下简称《量刑指导意见》）的规定，量刑步骤为分三步：第一步是确定量刑起点，第二步是确定基准刑，第三步是确定宣告刑。从试行的情况看，目前仍然有不少法官未能正确理解和掌握确定量刑起点的方法、确定基准刑的方法和确定宣告刑的方法，从而在一定程度上影响了试行的效果。本文结合试行中遇到的问题，谈一谈量刑方法的理解与适用，以期对广大实务工作者有所裨益。

* 最高人民法院刑事审判第三庭审判长。

确定量刑起点的方法

一、正确理解量刑起点

根据《量刑指导意见》的规定，量刑起点是根据基本犯罪构成事实在相应的法定刑幅度内确定的。所谓基本犯罪构成事实是指符合特定犯罪构成特征并达到在相应的法定刑幅度内量刑的最起码的构成要件事实。例如，根据《刑法》的规定，“故意伤害致人重伤”是达到在“处三年以上十年以下有期徒刑”法定刑幅度内量刑的犯罪构成要件。那么，“致一人重伤（犯罪情节一般的）”就是达到在“三年以上十年以下有期徒刑”法定刑幅度内量刑的基本犯罪构成要件。就具体犯罪而言，“致一人重伤（犯罪情节一般的）”就是具体犯罪的基本犯罪构成事实，其所应判处的刑罚就是在相应法定刑幅度内确定的量刑起点。概括起来，也可以说，量刑起点（亦可简称为“起点刑”）就是指根据具体犯罪的基本犯罪构成事实的一般既遂状态在相应的法定刑幅度内所应判处的刑罚。

需要注意的是，量刑起点并非就是法定最低刑。量刑起点是针对具体犯罪而言的，由法官根据具体犯罪的基本犯罪构成事实，在相应的量刑起点幅度内确定，有可能是法定最低刑，但并非一定是法定最低刑。因为，即便是基本犯罪构成要件相同的犯罪，其具体犯罪行为也不可能完全一样，比如，同样是持刀致人重伤，捅刺胸部要害部位致人重伤与捅刺大小腿致人重伤的危害性是不一样的，在确定量刑起点时就应有所区别，不能都确定法定最低刑为量刑起点。而且，确定量刑起点时，还要考虑被告人的主观恶性、人身危险性以及刑事政策、社会治安状况等因素。因此，具体犯罪的量刑起点完全可以在法定最低刑以上。这是符合审判实践和量刑规律的。

二、正确确定基本犯罪构成事实

根据《量刑指导意见》的规定，确定量刑起点的根据是基本犯罪构成事实。需要说明的是，基本犯罪构成不仅仅是指构成某个犯罪（基本罪）的最基本的犯罪构成，而且也包括重罪（轻罪）或者更重罪（更轻罪）的基本犯罪构成。刑法分则对不同犯罪的犯罪构成均作了明确规定。只有刑法明确规定的犯罪构成要件或者要素，才能作为确定基本犯罪构成事实的根据。实践中，要根据刑法分则的规定，具体情况具体分析，正确确定具体犯罪的基本犯罪构成事实。

1. 正确区分同一类型犯罪不同罪名的基本犯罪构成事实

同一类型犯罪，尽管侵犯的某一类客体是相同的，但不同犯罪所侵犯的某一具体客体不一定相同，所规定的犯罪构成要件也不一样，要根据不同罪名的犯罪构成要件来确定基本犯罪构成事实。例如，就侵犯财产犯罪而言，“犯罪次数”是盗窃罪、敲诈勒索罪的犯罪构成要件，可作为确定盗窃罪、敲诈勒索罪基本犯罪构成事实的根据，但不是诈骗罪、抢夺罪、职务侵占罪的犯罪构成要件，不能作为确定诈骗罪、抢夺罪、职务侵占罪基本犯罪构成事实的根据。

2. 区别认定同一罪名不同法定刑幅度的基本犯罪构成事实

对于刑法规定有多个法定刑幅度的罪名，不同的法定刑所规定的犯罪构成要件或要素是不同的，要根据不同的要件或要素确定基本犯罪构成事实。例如，《刑法》第二百三十八条规定的非法拘禁罪，有三个不同的法定刑幅度，“非法拘禁他人或者以其他方法非法剥夺他人人身自由的”是确定“三年以下有期徒刑、拘役、管制或者剥夺政治权利”法定刑幅度基本犯罪构成事实的根据；“构成非法拘禁罪，致人重伤的”是确定“三年以上十年以下有期徒刑”法定刑幅度基本犯罪构成事实的根据。“构成非法拘禁罪，致人死亡的”是确定“十年以上有期徒刑”法定刑幅度基本犯罪构成事实的根据。

3. 正确确定同时具有两项以上犯罪构成选择要素的基本犯罪构成事实

对于犯罪构成具有两个或两个以上的选择要件的犯罪，如果具体犯罪具有多个选项，其犯罪构成事实就多于基本犯罪构成事实，在这种情况下，应当选择其中危害最重的那个犯罪构成事实作为确定量刑起点的基本犯罪构成事实。例如，《刑法》第二百九十三条规定的寻衅滋事罪，其构成要件的危害行为，就有四项选择要素。如果行为人在公共场所起哄闹事、强拿硬要公私财物和随意殴打他人且情节恶劣的，应当选择“随意殴打他人且情节恶劣”作为确定量刑起点的基本犯罪构成事实。

4. 正确确定选择性罪名的基本犯罪构成事实

对于选择性罪名，多种行为并列定罪的，要根据不同情况分别确定基本犯罪构成事实。如果行为人既实施前行为又实施后行为的，那么，根据前行为确定基本犯罪构成事实即可；如果行为人是因为不同时间、不同地点实施了不同的犯罪行为而并列定罪的，那么，应当选择其中危害最重的那个犯罪构成事实作为确定量刑起点的基本犯罪构成事实。例如，走私、贩卖、运输、制造毒品罪，如果被告人分别实施了不同宗的走私毒品犯罪和贩卖毒品犯罪，走私毒品海洛因10克，贩卖毒品海洛因20克，依法应定走私、贩卖毒品罪，但应以其中危害最重的贩卖毒品罪的犯罪构成事实来确定基本犯罪构成事实。

三、准确确定量刑起点

量刑起点是根据具体犯罪的基本犯罪构成事实确定的，量刑起点的高低主要取决于基本犯罪构成事实社会危害性的大小。具体而言，对于数额型犯罪，社会危害性的大小主要取决于犯罪数额的大小；对于非数额型犯罪，社会危害性的大小主要取决于客观犯罪行为。

《量刑指导意见》根据不同犯罪的基本犯罪构成，在不同的法定刑幅度内确定了相应的量刑起点幅度。量刑时，由法官根据具体犯罪的基本犯罪构成事实，在相应法定刑的量刑起点幅度内确定量刑起点。例如，对于故意伤害致人轻伤的案件，根据《量刑指导意见》的规定，故意伤害致一人轻伤（情节一般）的，可在六个月至一年六个月有期徒刑幅度内确定量刑起点。那么，量刑时，可根据具体犯罪的基本犯罪构成事实在六个月至一年六个月内确定量刑起点，既可确定为六个月、九个月，也可确定为一年或者一年六个月。基本犯罪构成事实的危害性不同，量刑起点也应该有所区别。又如，对于诈骗数额达到巨大的案件，根据《量刑指导意见》的规定，达到数额巨大起点的，可以在三年至四年有期徒刑幅度内确定量刑起点。那么，量刑时，可根据数额巨大的起点标准（基本犯罪构成事实）在三年至四年有期徒刑幅度内确定量刑起点，既可确定为三年、三年六个月，也可确定为四年。要从当地实际出发，根据基本犯罪构成事实的社会危害性的大小来确定。

确定基准刑的方法

一、正确理解基准刑

根据《量刑指导意见》的规定，基准刑是在量刑起点的基础上加上其他影响犯罪构成的犯罪数额、犯罪次数、犯罪后果等犯罪事实所增加的刑罚量来确定的。由此可见，基准刑包括量刑起点和增加的刑罚量两部分，是基本犯罪构成事实所应判处的刑罚和其他影响犯罪构成的犯罪事实所应增加的刑期的总和。概括起来，也可以说，基准刑就是总的犯罪构成事实所应判处的刑罚。所谓基准刑是指根据具体犯罪的（总的）犯罪构成事实的一般既遂状态所应判处的刑罚。

要正确区分量刑起点和基准刑。量刑起点与基准刑是两个不同的概念。基准刑是在量刑起点的基础上来确定的。确定量刑起点是量刑步骤的第一步，也是确定基准刑的第一步。基准刑是针对具体犯罪而言的，不同的犯罪，有不同的量刑起点，增加刑罚量的犯罪构成事实也不同，所确定的基准刑就不一样。确定基准刑必须分步进行，第一步是根据基本犯罪构成事实确定量刑起点，确保量刑的基础不会偏离大的方向；第二步是根据其他犯罪构成事实增加刑罚量，在量刑起点的基础上确定基准刑，从而确保量刑不会严重失衡。这就是分步确定基准刑的意义所在。

二、正确确定增加刑罚量的犯罪构成事实

根据《量刑指导意见》的规定，确定量刑起点的根据是基本犯罪构成事实，增加刑罚量的根据是其他影响犯罪构成的犯罪事实。需要注意的是，必须是刑法分则规定的个罪的犯罪构成要件或要素，才能作为增加刑罚量的根据，否则，不能作为增加刑罚量的根据。在具体犯罪中，犯罪数额、犯罪手段、犯罪次数、犯罪后果等犯罪事实是否可作为增加刑罚量的犯罪构成事实，关键是看这些犯罪事实是否是刑法分则规定的具体犯罪的犯罪构成要件或要素。审判实践中，要具体情况具体分析，区别认定。

1. 属于犯罪构成事实的“犯罪手段”

对于《刑法》规定“犯罪手段”作为犯罪构成要件或要素的，在根据相应的基本犯罪构成事实确定量刑起点的基础上，“犯罪手段”可作为增加刑罚量的犯罪构成事实。但对于纯粹的“数额型”犯罪，如诈骗、抢夺罪、职务侵占罪等，一般不以“犯罪手段”作为犯罪构成要件或要素。在这种情况下，对于“犯罪手段”情节，可在确定量刑起点时一并考虑，或者在确定基准刑后，作为从重处罚情节调节基准刑。例如，“携带凶器诈骗的，就不能作为增加刑罚量的犯罪构成事实，但可在确定量刑起点时一并考虑。

2. 属于犯罪构成事实的“犯罪数额”

对于“数额型”犯罪，在确定量刑起点的基础上，对于超出起点的部分，可作为增加刑罚量的犯罪构成事实。需要注意的是，对于盗窃的数额没有达到较大的起点，而是以“多次盗窃”、“入户盗窃”、“携带凶器盗窃”或者“扒窃”作为基本犯罪构成事实的，那么，对于盗窃的数额则不能作为增加刑罚量的犯罪构成事实，只能在确定量刑起点时一并考虑，盗窃数额高一些的，量刑起点可相对高一些。对于多次敲诈勒索，犯罪数额未达到较大起点的，亦同样如此。

3. 属于犯罪构成事实的“犯罪次数”

对于《刑法》规定“犯罪次数”作为基本犯罪构成要件，或者作为重罪、更重罪的犯罪构成要件的，一般情况下，“犯罪次数”可作为增加刑罚量的犯罪构成事实。但对于以“多次”作为定罪的最基本的犯罪构成要件的，要根据不同情况区别对待：对于三次以上的次数，可作为增加刑罚量的犯罪构成事实；对于未达到三次的次数，则一般不作为增加刑罚量的犯罪构成事实，在确定量刑起点时一并考虑。需要注意的是，对于诈骗罪、抢夺罪、职务侵占罪等“数额型”犯罪，“犯罪次数”并非犯罪构成要件，不能作为增加刑罚量的犯罪构成事实，可在确定量刑起点时一并考虑；对于犯罪次数较多的，可作为从重处罚情节调节基准刑。

4. 属于犯罪构成事实的“犯罪结果”

对于结果犯，《刑法》规定将“犯罪结果”作为犯罪构成要件或要素的，对于超出基本犯罪事实的“犯罪结果”，可以作为增加刑罚量的犯罪构成事实。对于《刑法》没有将“犯罪结果”规定为犯罪构成要件或要素的犯罪，一般情况下，对于犯罪所造成的“犯罪结果”可在确定量刑起点时一并考虑，或者在确定基准刑后，作为从重处罚情节调节基准刑。但是，对于根据相关司法解释的规定，将某些数额型犯罪（如盗窃罪、诈骗罪、抢夺罪等）的“犯罪结果”与犯罪数额一并作为认定“其他严重情节”或者“其他特别严重情节”的，这些“犯罪结果”则成为了犯罪构成要件或要素的一部分，在确定基本犯罪构成事实的基础上，其他“犯罪结果”可作为增加刑罚量的犯罪构成事实。

5. 属于犯罪构成事实的“行为方式（方法）”

对于犯罪构成要件涵盖多种并列选择的行为方式或者犯罪方法，如果行为人采取两种以上的行为方式、方法实施犯罪的，应当选择危害最重的一种行为方式、方法作为确定基本犯罪构成事实，基本犯罪构成事实以外的其他行为方式、方法，则作为增加刑罚量的犯罪构成事实。例如，前述提到的被告人走私、贩卖毒品的案例，被告人分别实施了不同宗的走私毒品犯罪和贩卖毒品犯罪，走私毒品海洛因10克，贩卖毒品海洛因20克，依法应定走私、贩卖毒品罪，应以其中危害最重的贩卖毒品的行为作为确定量刑起点的基本犯罪构成事实，对于贩卖毒品超出起点数量的部分以及走私行为所涉及毒品数量则作为增加刑罚量的犯罪构成事实。

6. 属于犯罪构成事实的“犯罪情形”

对于犯罪构成要件涵盖多种犯罪情形，行为人具有两种以上情形的，应当选择危害最重的一种情形作为确定基本犯罪构成事实，基本犯罪构成事实以外的其他情形，则作为增加刑罚量的犯罪构成事实。例如，《刑法》第二百六十三条规定的抢劫罪，其重罪构成要件就有8种选项。如果行为人在旅客列车上冒充警察持枪抢劫，应当选择“持枪抢劫”作为基本犯罪构成事实，剩余的“在旅客列车上冒充警察抢劫”这两种情形则作为增加刑罚量的犯罪构成事实。

三、准确确定基准刑

基准刑是在量刑起点的基础上确定的，第一步是准确确定量刑起点，第二步是准确确定增加的刑罚量。《量刑指导意见》规定了各种犯罪可增加刑罚量的根据。各高级人民法院在此基础上对各种可以增加刑罚量的情形进行了细化，明确了各种情形可以增加的刑罚量。量刑时，由法官根据具体犯罪的情况以及需要增加刑罚量的具体情形的社会危害性大小，合理确定所应增加的刑罚量，在量刑起点的基础上确定基准刑。举例说明：

1. 非数额型犯罪确定基准刑的方法

被告人张三与李四因故发生争执，张三从地上捡起砖块朝李四头面部猛砸几下，致李四重伤，并造成八级残疾。确定基准刑的方法和过程是：第一步，根据基本犯罪构成事实在相应的法定刑幅度内确定量刑起点。根据《量刑指导意见》的规定，故意伤害致一人重伤，犯罪情节一般的，可在三年至四年有期徒刑幅度内确定量刑起点。根据当地实践经验，结合被告人持砖头砸被害人面部的情节，确定量刑起点为有期徒刑三年六个月。第二步，根据其他影响犯罪构成的犯罪事实增加刑罚量，在量刑起点的基础上确定基准刑。张三的故意伤害行为造成被害人八级残疾的后果，这是其他影响犯罪构成的犯罪事实。根据当地实施细则的规定，每增加一级一般残疾的，可增加一个月至三个月刑期。结合本案伤害的部位等情况考虑，确定每增加一级一般残疾增加二个月刑期，那么，八级伤残可以增加六个月刑期。据此，在量刑起点的基础上增加刑罚量，确定基准刑为四年有期徒刑。

2. 数额型犯罪确定基准刑的方法

被告人李某撬开王某的密码箱，盗走现金人民币3万元。确定基准刑的方法和过程是：首先，根据基本犯罪构成事实在相应的法定刑幅度内确定量刑起点。根据《量刑指导意见》的规定，达到数额巨大起点或者有其他严重情节的，可以在三年至四年有期徒刑幅度内确定量刑起点。根据有关司法解释和当地法院关于盗窃公私财物数额标准的意见，盗窃金额1万元是数额巨大的起点。根据当地实践经验，结合撬密码箱的情节，确定量刑起点为有期徒刑三年三个月。其次，根据其他影响犯罪构成的犯罪事实，在量刑起点的基础上增加刑罚量确定基准刑。李某盗窃3万元，超出数额巨大起点2万元，这是其他影响犯罪构成的犯罪事实。根据当地实施细则的规定，每增加犯罪数额2000元，可增加一个月刑期。依此计算，2万元可增加十个月刑期。据此，在量刑起点的基础上增加刑罚量，确定基准刑为四年一个月有期徒刑。

确定宣告刑的方法

一、调节基准刑的量刑情节的范畴

一般而言，案件事实包括犯罪事实和非犯罪事实，犯罪事实可分为犯罪构成事实和非犯罪构成事实，犯罪构成事实包括基本犯罪构成事实和其他影响犯罪构成的事实。在刑法理论上，一般把基本犯罪构成事实称为定罪事实（也称为定罪情节），定罪事实（情节）以外的，与行为人或其犯罪行为密切相关的，表明行为社会危害性程度和行为人人身危险性程度，并决定是否适用刑罚或处刑宽严或免除处罚的各种具体事实情况，统称为量刑情节，也就是广义上的量刑情节。由此可见，量刑情节包括非犯罪事实（一般是罪前、罪后情节）、犯罪事实当中的非犯罪构成事实以及犯罪构成事实当中除基本犯罪构成事实以外的与犯罪构成有关的犯罪事实，此外，还包括一切与犯罪主体刑事责任有关的量刑情节，如未成年人犯、聋哑犯、未遂犯、从犯等。

根据《量刑指导意见》的规定，量刑步骤的第一步是根据基本犯罪构成事实在相应的法定刑幅度内确定量刑起点，这里所说的基本犯罪构成事实就是定罪事实；第二步是根据其他影响犯罪构成的犯罪数额、犯罪次数、犯罪后果等犯罪事实，在量刑起点的基础上增加刑罚量确定基准刑，这里的其他影响犯罪构成的犯罪事实，可以说是定罪剩余的其他犯罪构成事实。由此可见，在全部的量刑情节当中，定罪剩余的其他犯罪构成事实是用来增加刑罚量，确定基准刑的量刑情节，除此以外，其他事实情况就是用来调节基准刑的量刑情节，包括非犯罪事实（也就是罪前、罪后情节）和犯罪事实当中的非犯罪构成事实，以及一切与犯罪主体刑事责任有关的量刑情节。

二、量刑情节调节基准刑的方法

1. 多种量刑情节调节基准刑的方法

多种量刑情节调节基准刑的方法有两种：一是，对于一般的量刑情节，采用“同向相加、逆向相减”的一般方法，用数学方法可表示为：基准刑×（1+从重情节的调节比例-从轻情节的调节比例）；二是，对于具有刑法总则规定的未成年人犯罪、限制行为能力的精神病人犯罪、又聋又哑的人或者盲人犯罪、防卫过当、避险过当、犯罪预备、犯罪未遂、犯罪中止、从犯、胁从犯和教唆犯等特定量刑情节的，采用分步调节（或者称为“部分连乘、部分相加减”）的特殊方法。具体方法如下：①假如某案件被告人是未成年人，可以减少基准刑的50%，又具有自首情节，可减少基准刑的20%。用数学方法可表示为：基准刑×（1－50%）×（1－20%）。②假如上述案件中，被告人又是从犯，可减少基准刑的30%。用数学方法可表示为：基准刑×（1－50%）×（1－30%）×（1－20%）。③假如上述案件中，被告人同时又具有累犯情节，增加基准刑的10%。用数学方法可表示为：基准刑×（1－50%）×（1－30%）×（1－20%＋10%）。

2. 数罪量刑情节的调节方法

被告人犯数罪，同时具有适用各个罪的立功、累犯等量刑情节的，先用各个量刑情节调节个罪的基准刑，确定个罪所应判处的刑罚，再依法实行数罪并罚，决定执行的刑罚。例如，某被告人犯故意伤害罪和盗窃罪，盗窃罪是被告人因故意伤害犯罪归案后主动交代的，属于自首。同时被告人又具有立功、累犯情节。根据《量刑指导意见》的规定，假设故意伤害罪所确定的基准刑为五年，盗窃罪所确定的基准刑为十年，自首情节可减少基准刑的10%，立功可减轻基准刑的20%，累犯可增加基准刑的10%。在这些情节当中，自首情节的效力只及于盗窃罪，立功和累犯情节的效力分别及于故意伤害罪和盗窃罪。那么，故意伤害罪的调节结果为：5年×（1＋累犯10%－立功20%）＝4.5年；盗窃罪的调节结果为：10年×（1＋累犯10%－自首10%－立功20%）＝8年。据此，依法确定故意伤害罪判处的刑罚为五年，盗窃罪依法判处的刑罚为八年。根据数罪并罚的原则，就依法应当在八年以上十三年以下有期徒刑决定合并执行的刑罚。

3. 量刑情节不得重复评价

对于同一事实涉及不同量刑情节的，要注意避免重复评价。例如，当毒品再犯与累犯情节并存时，需要区分不同情形，避免对两个情节重复评价：对于前罪是毒品犯罪的累犯，不能重复评价；对于前罪不是毒品犯罪的累犯，可以分别从重处罚。又如，对于自首、坦白情节分别与当庭自愿认罪情节并存时，就不宜同时适用当庭自愿认罪情节，否则，就是重复评价。为体现当庭自愿认罪的独立程序价值，鼓励被告人当庭自愿认罪，可在适用从轻幅度较大的自首或坦白情节时，适当加大从轻处罚的比例。

三、依法确定宣告刑

量刑情节对基准刑的调节结果是采用一定的数学方法计算出来的，是一个数值，这个数值与法律上的宣告刑是两个概念。有些调节结果不一定符合罪责刑原则的要求，甚至有可能不符合《刑法》规定，因而不能直接作为宣告刑。在确定宣告刑过程中，必须运用“定量分析与定性分析相结合”的量刑方法，综合考虑全案情况，依法确定宣告刑。实践中，要注意掌握以下几种情形：

1. 调节结果在法定刑幅度内的情形

量刑情节对基准刑的调节结果在法定刑幅度内，且罪责刑相适应的，可以直接确定为宣告刑；如果具有应当减轻处罚情节的，依法在法定最低刑以下确定宣告刑。要注意掌握三点：一是“应当减轻处罚情节”是指刑法明确规定的具有应当直接减轻处罚功能的量刑情节，如中止犯、胁从犯。不包括可以直接减轻处罚的量刑情节。二是对于依法应当减轻处罚的，根据《刑法修正案（八）》的规定，只能在法定量刑幅度的下一个量刑幅度内判处刑罚，而不能在两个法定刑以下减轻处罚。三是如果被告人犯罪情节轻微，减轻处罚仍然显得过重，可不需要判处刑罚的，可依据《刑法》第三十七条之规定依法免予刑事处罚。

2. 调节结果在法定最低刑以下的情形

量刑情节对基准刑的调节结果在法定最低刑以下，具有减轻处罚情节，且罪责刑相适应的，可以直接确定为宣告刑；只有从轻处罚情节的，可以确定法定最低刑为宣告刑。要注意掌握四点：一是，“减轻处罚情节”既包括刑法规定的“可以”直接减轻或者“应当”减轻处罚的情节，如重大立功情节、中止犯情节、胁从犯情节；也包括具有减轻处罚功能的情节，如自首情节，具有可以从轻或者减轻处罚的功能。二是，“从轻处罚情节”是指只具有从轻处罚功能的情节，一般是指酌定从轻处罚情节。三是，“可以确定法定最低刑为宣告刑”，并非一定要以法定最低刑为宣告刑。综合考虑全案情况，可以在法定刑幅度内确定宣告刑。四是，对于被告人具有多个酌定从轻处罚情节，如果判处法定最低刑仍然明显过重的，可以依据《刑法》第六十三条第二款的规定处理。

3. 调节结果在法定最高刑以上的情形

量刑情节对基准刑的调节结果在法定最高刑以上的，可以法定最高刑为宣告刑。要注意把握两点：一是“法定最高刑”是指与罪行相应的法定刑的上限，而不是一个罪名当中所有法定刑的最高刑。二是以法定最高刑为宣告刑的前提是罪责刑相适应，如果综合全案分析，认为判处法定最高刑显得过重的，可在法定刑幅度内依法确定宣告刑。

4. 需要行使10%综合裁量权的情形

根据案件的具体情况，独任审判员或合议庭可以在基准刑10%的幅度内进行调整，调整后的结果仍然罪责刑不相适应的，提交审判委员会讨论决定宣告刑。要从两方面把握：一是严格行使10%综合裁量权的条件。一般情况下，应当根据调节结果依法确定宣告刑。只有调节结果确与被告人的罪责不相适应的，才能在10%的综合裁量权范围内进行调整。二是要严格把握二次调整调节结果的条件和程序。合议庭或独任审判员第一次行使

10%的综合裁量权后，调节结果仍然与被告人的罪责不相适应的，应当提交审判长会或者量刑委员会讨论决定，或者提交主管院领导审批决定，但对于处理意见有重大分歧的，应当依法提交审判委员会讨论决定宣告刑。

5. 不同刑种之间的衔接方法

一般情况下，对于量刑情节对基准刑的调节结果在六个月以下的，可依法判处拘役、管制或者单处附加刑。对于有期徒刑与无期徒刑的衔接。一般情况下，如果量刑情节调节基准刑的结果在二十年以上的，就可依法确定是否适用无期徒刑以上刑罚。但对于调节结果在十五年以上二十年以下的，如果认为判处有期徒刑十五年偏轻，不符合罪责刑相适应原则的，可依法判处无期徒刑以上刑罚，如果认为判处无期徒刑偏重，不符合罪责刑相适应原则的，可依法判处十五年有期徒刑以下刑罚。

6. 缓刑和免予刑事处罚的适用

宣告刑为三年以下有期徒刑、拘役并符合缓刑适用条件的，可以依法宣告缓刑；犯罪情节轻微，不需要判处刑罚的，可以免予刑事处罚。要注意把握两点：一是，适用缓刑与基准刑并无必然联系。只要依法确定的宣告刑在三年以下有期徒刑或者拘役，并符合适用缓刑条件的，就可依法适用缓刑。二是，适用量刑情节的免除处罚功能时，要综合考虑全案的情况，并结合《刑法》第三十七条所规定的适用免予刑事处罚的条件考虑，慎重确定是否免除处罚，尤其是对于从重情节与具有免除功能情节并存时，更不能简单地决定免除处罚。

常见量刑情节的理解与适用

李占梅*

常见量刑情节的正确理解与适用，是审判实践中正确量刑的基础和关键。本文通过比较分析的方式，诠释和解读《人民法院量刑指导意见（试行）》（以下简称《量刑指导意见》）规定的十四种常见量刑情节。

* 最高人民法院刑事审判第三庭法官。

一、量刑情节概述

（一）量刑情节的概念与分类

量刑情节在概念上有广义和狭义之分。广义的量刑情节是指对量刑起影响作用的一切情节，包含部分犯罪事实。狭义的量刑情节仅指犯罪事实情节以外的能够影响量刑的其他事实情节，即指在某种行为已经构成犯罪的前提下，与行为人或其犯罪行为密切相关的，表明行为社会危害性程度和行为人人身危险性程度，据以决定是否适用刑罚或处刑宽严的各种具体事实情况。《量刑指导意见》中的量刑情节是狭义的量刑情节，具体是指“基本犯罪构成事实”和“其他影响犯罪构成的犯罪事实”以外的能够影响量刑的事实情节。

（二）常见量刑情节概述

《量刑指导意见》根据司法审判实践，将审判中频繁出现，经常适用，并有充分的实践经验和实证数据支持的十四种常见量刑情节纳入调整范围。具体而言，从轻或减轻处罚情节有十个，分别为未成年犯，未遂犯，从犯，自首，立功，坦白，当庭自愿认罪，退赃、退赔，积极赔偿被害人经济损失，取得被害人及其家属谅解；从重处罚情节有四个，分别为累犯、前科劣迹、针对弱势人员犯罪和在灾害突发事件期间犯罪。同时，《量刑指导意见》以百分比的方式规定了十四种常见量刑情节的调节比例。这些调节比例的确定，是全国各级法院在为期五年的试点中，经过长期审判实践检验，并通过二十余次专门会议的反复论证而得出的。全国百余家试点法院的实践证明，这些标准是科学的、可行的，可以满足实践的需要。

二、常见量刑情节的总体把握

《量刑指导意见》规定的量刑情节对基准刑的调节方式采用的是比例式。这种方式的弊端是调节结果受制于基准刑，若不加区分地机械适用，极易导致量刑的失衡。实践中必须注意，量刑情节对刑罚量的影响是由多种因素决定的，在确定具体的从宽或从重比例时，要综合考虑具体案件的犯罪事实和量刑情节的具体情况，对其中所反映出的行为人的主观恶性和人身危险性全面鉴别和考量，并适当考虑当地审判实践经验和社会治安形势，做到定性分析与定量分析相结合，原则性与灵活性相结合。

（一）犯罪事实的因素

个案的犯罪事实千差万别，不同的犯罪事实体现了犯罪性质的不同，反映了行为人主观恶性和行为社会危害性的不同，在从宽或从重的幅度上应有所区别。比如，同是故意伤害犯罪，有的可能故意伤害致一人轻伤；有的可能故意伤害致一人轻伤，一人重伤；有的还可能故意伤害致二人重伤，若三个案件的行为人都构成相同性质的自首时，应选择不同的从宽比例，致一人轻伤的从轻比例应相对较高，致二人重伤的从轻比例应相对较低。又如，同是退赔、退赃情节，在不同性质的犯罪中，所体现和发挥的作用也不同，所适用的量刑比例也应有所区别，一般而言，发生在盗窃、诈骗、职务侵占等非暴力型侵财犯罪、经济犯罪、职务犯罪的退赃、退赔从宽比例应适当高于发生在抢夺、敲诈勒索等轻微暴力型犯罪中的退赃、退赔，而发生在抢夺、敲诈勒索等轻微暴力型犯罪中的退赃、退赔从宽比例应适当高于发生在抢劫等严重暴力型犯罪中的退赃、退赔。

同时，不同的犯罪事实还直接决定了行为人罪行的轻重和基准刑的高低。量刑过程中必须充分考虑罪行轻重和基准刑的高低，结合全案犯罪事实，灵活适用《量刑指导意见》所规定的调节比例，避免因重罪从轻或从重的幅度远远高于轻罪从轻或从重的幅度，导致重罪重不上去，轻罪轻不下来。比如，构成累犯的，一般情况下，对于重刑犯罪的，实际从重的刑期不宜超过五年；对于轻刑犯罪的，实际从重的刑期不宜低于三个月。又如，积极赔偿被害人经济损失的，一般情况下，对于基准刑在三年以下，可以减少基准刑的20%～30%；对于基准刑在三年以上十年以下，可以减少基准刑的15%～25%；对于基准刑在十年以上，可以减少基准刑的20%以下。

（二）量刑情节的具体情况

个案中的量刑情节也是千变万化，层出不穷的。实践中要认真鉴别同种量刑情节的差异，仔细分析不同种量刑情节的关系，合理确定适当的调节比例。

对于同种量刑情节而言，可能有诸多不同的表现形式，应结案具体案情，认真加以区分和界定，进而确定合适的调节比例。以自首为例，有以下不同情形的自首：（1）犯罪事实和犯罪嫌疑人未被司法机关发觉，主动、直接投案的；（2）犯罪事实或者犯罪嫌疑人已被司法机关发觉，但犯罪嫌疑人尚未受到讯问、未被采取强制措施时，主动、直接投案的；（3）犯罪嫌疑人、被告人如实供述司法机关尚未掌握的罪行，与司法机关已经掌握的罪行不同，以自首论的；（4）并非出于被告人主动，而是经亲友规劝、陪同投案，或者亲友送去投案等情形的；（5）罪行尚未被司法机关发觉，仅因行迹可疑，被有关组织或者司法机关盘问、教育后，主动交代自己的罪行构成自首的；（6）根据《最高人民法院关于处理自首和立功若干具体问题的意见》的规定，对于犯罪嫌疑人被亲友采用捆绑等手段送到司法机关，或者在亲友带领侦查人员前来抓捕时无拒捕行为，并如实供认犯罪事实的，虽然不能认定自动投案，但可以参照法律对自首的有关规定酌情从轻处罚的。实践中，要以犯罪事实为基础，根据自首情节的不同情形，在40%以下的幅度内，确定合适的调节比例。若犯罪较轻，又有自首情节的，可以减少基准刑的50%以上，或者依法免除处罚。

对于不同种量刑情节而言，有的可能是同向调节功能的量刑情节并存，比如自首与立功，或赔偿被害人损失与获得被害人谅解并存；有的可能是逆向调节功能的情节并存，比如累犯与自首，或者前科劣迹与赔偿被害人损失并取得被害人谅解并存。当数种量刑情节并存时，要结合案情，综合考虑各量刑情节的情形，以及彼此之间是否存在兼容或关联的关系，确定合适的调节比例。比如，当赔偿被害人损失与取得被害人谅解并存时，前者往往是后者的基础和前提，后者往往是前者的衍生。因此，除非根据案情需要，如情节轻微、人身危险性及主观恶性均相对较小等，一般不宜均取最高值进行调节。又如，当累犯与前科劣迹并存时，对于累犯与前科劣迹有重合部分的，即同时符合累犯和前科劣迹的，仅以累犯情节从重处罚即可。对于除构成累犯之外，另有其他前科劣迹的，若其他前科劣迹相对轻微，比如行政拘留或强制戒毒等，可在确定累犯的从重比例时一并考虑，不再单独评价；若其他前科劣迹情节相对较重，比如因暴力犯罪被判处刑罚等，一并适用累犯情节可能不足以完全体现对被告人主观恶性和人身危险性的处罚，可单独适用前科劣迹情节，并从高选择适用比例。

（三）审判实践经验和社会治安形势等因素

量刑规范化改革的目标是实现某一地区或区域内的量刑基本均衡，而不是主张全国范围内的一体化均衡。刑罚个别化的根本要求和各地区的不同司法实践情况，也决定了量刑要因人而异、因地而异。长期以来，各地法院和各级法官积累了丰富的审判实践经验。这些宝贵经验对于正确指导量刑过程中量刑情节比例的选取，从而最大限度地实现本地区的量刑均衡和最大限度地体现个案的刑罚个别化，具有极其重要的意义。同时，全国各地社会治安形势不尽相同，有的地区轻微毒品贩卖案件频发，有的地区双抢案件频出。为突出重点打击某类犯罪，也需要灵活确定量刑情节的调节比例，当适用从轻处罚情节时，可选择相对较低的比例；当适用从重处罚情节时，可选择相对较高的比例。

三、常见量刑情节的比较分析

（一）未成年犯、未遂犯和从犯

1. 未成年犯

《量刑指导意见》规定对于已满14周岁不满18周岁的未成年人犯罪，可以减少基准刑的30%～60%；对于已满14周岁不满18周岁的未成年人犯罪，可以减少基准刑的10%～50%。

审判实践中，应当综合考虑未成年人对犯罪的认识能力、实施犯罪行为的动机和目的、犯罪时的年龄、是否初犯、悔罪表现、个人成长经历和一贯表现等情况，决定从宽处罚的比例。未成年人犯罪属于法定的应当从轻或减轻处罚情节，对于适用该量刑情节调节基准刑的结果在法定刑以下的，一般应当适用减轻处罚的功能，除非拟宣告刑与被告人的罪责刑不相适应。对于犯罪时刚满 18 周岁的，因其身体、智力等各方面可能发展还不完全成熟，一般也可酌定从轻处罚，但从轻的幅度在10%以内为宜。

2. 未遂犯

《量刑指导意见》规定，对于未遂犯，综合考虑犯罪行为的实行程度、造成损害的大小、犯罪未得逞的原因等情况，可以比照既遂犯减少基准刑的 50% 以下。

审判实践中，对于未遂犯，要注意全面考虑犯罪行为的实行程度、造成损害的大小、犯罪未得逞的原因等情况，综合确定调节比例。一般来说，实行终了未遂的社会危害性要大于未实行终了的未遂，在排除其他因素的情况下，实行终了未遂的量刑要比未实行终了的未遂重，其从宽适用的比例就较小；造成损害后果的从宽比例要小于没有造成损害后果的，损害后果较小的从宽比例应高于损害后果较大的；能犯未遂适用的比例应小于不能犯未遂的调节比例；未遂行为距离犯罪完成越近的，选择未遂的调节比例越小，反之越大；犯罪意志越坚决的，选择未遂的调节比例越小，反之越大；阻止犯罪完成的客观原因力越大，未遂犯的调节比例越小，反之越大。

3. 从犯

《量刑指导意见》规定，对于从犯，应当综合考虑其在共同犯罪中的地位、作用、以及是否实施犯罪实行行为等情况，予以从宽处罚，可以减少基准刑的 20% ~50%；犯罪较轻的，可以减少基准刑的 50% 以上或者依法免除处罚。

审判实践中，在确定从犯的从宽比例时，要综合考虑其在共同犯罪中的地位、作用、以及是否实施犯罪实行行为等情况。一般来说，在共同犯罪中的地位越低，作用越小，参与实施的实行行为越少，则其适用的从宽比例就越大，反之就越小。对于犯罪较轻的从犯，可以减少基准刑的 50% 以上或者依法免除处罚。这里的“犯罪较轻”，是以犯罪人的具体犯罪行为确定的刑罚衡量犯罪的轻重。一般认为是不超过有期徒刑三年。对于“免除处罚”功能的适用，必须同时考虑“犯罪较轻”和适用免除处罚的法律依据，即除考虑犯罪行为的刑罚量之外，还要符合《刑法》第三十七条规定的“犯罪情节轻微不需要判处刑罚”的条件，才可以依法免予刑事处罚。对于同为主犯但作用仍有差别，或者不宜区分主从犯，但在犯罪中作用不同的情况，应根据行为人在共同犯罪中作用的大小，对作用相对较小的行为人，确定合适的从轻比例。

4. 未成年犯、未遂犯和从犯的综合分析

首先，未成年犯、未遂犯和从犯均是刑法第二章犯罪中规定的法定量刑情节，属于先适用情节。对于第二章规定的其他法定量刑情节，《量刑指导意见》目前还没有规定，而是由各地高院参照上述三种量刑情节，在实施细则中分别规定。对于各地高院实施细则参照上述三种量刑情节规定的其他量刑情节，具体量刑过程中也要优先适用。

其次，对于全部认定的多起同种犯罪事实当中，有部分是满18周岁之前实施的，部分是满18周岁之后实施的；或者部分属于犯罪未遂的事实，部分属于犯罪既遂的事实；或者在部分犯罪中是主犯，在部分犯罪中是从犯的，要综合考虑全案事实，确定合适的调节比例。具体而言，未成年犯罪的罪行比成年犯罪的罪行重的，从轻处罚的比例相对于未成年犯罪的罪行比成年犯罪的罪行轻的，可大一些，反之，则可小一些；未遂部分比既遂部分犯罪事实重的，从轻处罚的比例相对于未遂部分比既遂部分犯罪事实轻的，可大一些，反之则可小一些；从犯部分比主犯部分犯罪事实重的，从轻处罚的比例相对于从犯部分比主犯部分犯罪事实轻的，可大一些，反之则可小一些。这一调节比例在是综合考虑和平衡把握全案犯罪事实的基础上得出的，是对多起犯罪事实的总体评价，不可再视为是单一犯罪中的量刑情节而优先适用，而应作为酌定的从宽处罚情节后适用。

（二）自首、立功、坦白和当庭自愿认罪

1. 自首

《量刑指导意见》规定，对于自首情节，综合考虑投案的动机、时间、方式、罪行轻重、如实供述罪行的程度以及悔罪表现等情况，可以减少基准刑的40%以下；犯罪较轻的，可以减少基准刑的40%以上或者依法免除处罚。

审判实践中，自首能否从宽处罚以及具体从宽多少，必须综合考虑自首对案件侦破起到的作用、自首的犯罪分子是否悔罪这两个方面。具体而言，就是要考虑投案的动机、时间、方式、如实供述程度以及悔罪态度等因素。一般来说，投案时间越早、投案方式越主动、供述罪行越彻底，体现犯罪人的悔罪态度越深刻的，从宽比例要大一些；反之，从宽比例要小一些，甚至可以不从宽处罚。对于“犯罪较轻”的定义和“免除处罚”功能的适用，同未遂犯。

2. 立功

《量刑指导意见》规定，对于立功情节，综合考虑立功的大小、次数、内容、来源、效果以及罪行轻重等情况，确定从宽的幅度。（1）一般立功的，可以减少基准刑的20%以下；（2）重大立功的，可以减少基准刑的20%～50%；犯罪较轻的，可以减少基准刑的50%以上或者依法免除处罚。

审判实践中，无论是一般立功、还是重大立功，在确定具体从宽比例时，主要综合考虑立功的大小、次数、内容、来源、效果以及罪行轻重等情况，确定从宽的比例。其中，对于立功的来源、内容、效果和形式，要根据法律和相关司法解释的规定，认真分析立功行为对破获案件或者抓获犯罪分子所起的实际作用和效果，来确定合理的从宽比例。对于"犯罪较轻"且有重大立功的，要同时具备"罪行较轻"、"重大立功"两个条件的，从宽幅度才可扩大到"50%以上"，甚至能够免除处罚。但是，并非所有罪行较轻且有重大立功者都可以免除处罚，能否免除处罚必须综合考虑罪行的轻重和其他案件事实。若罪行很轻，比如盗窃犯罪刚刚达到数额较大标准，基准刑就是三个月拘役，此时如果还有重大立功情节，就可免除处罚；若罪行相对较轻，且除重大立功外还有其他从宽处罚情节，如张某故意伤害他人，基准刑是一年，此时仅有重大立功情节，不一定免除处罚，但若张某是未成年人，且有认罪、悔罪，积极赔偿经济损失等情节，则可免除处罚。

3. 坦白

坦白有广义和狭义之分。广义的坦白包括自首在内，只要犯罪分子到案后如实供述自己的罪行，都称为坦白。狭义的坦白不包括自首，仅指犯罪人被抓获归案之后，如实交代自己被指控的犯罪事实，并接受国家审查和裁判的行为。根据《刑法》第六十七条的规定，犯罪嫌疑人虽不具有前两款规定的自首情节，但是如实供述自己罪行的，可以从轻处罚；因其如实供述自己罪行，避免特别严重后果发生的，可以减轻处罚。由此可见，《刑法修正案（八）》不仅将坦白由酌定从轻处罚情节上升为法定从轻情节，而且将坦白的调节功能由单功能扩大为多功能。

《量刑指导意见》颁布于《刑法修正案（八）》之前，主要依据《最高人民法院关于处理自首和立功具体应用法律若干问题的解释》第四条的内容，规定对于被采取强制措施的犯罪嫌疑人、被告人和已宣判的罪犯，如实供述司法机关尚未掌握的罪行，与司法机关已掌握的或者判决确定的罪行属同种罪行的，根据坦白罪行的轻重以及悔罪表现等情况，可以减少基准刑的20%以下。目前，《量刑指导意见》尚未对此条规定进行修订。审判实践中要结合《刑法修正案（八）》的最新规定，灵活掌握坦白情节的适用。

根据《刑法修正案（八）》和《量刑指导意见》的规定，正确理解坦白情节，应主要把握以下两点：一是从宽与否以及从宽的幅度要综合考虑全案犯罪事实，坦白罪行的轻重和悔罪表现两方面情况。若被掌握的是轻罪，主动坦白的是重罪，从宽比例可大些；反之则不宜过大。若坦白得越主动、越早、越详细、越多，说明悔罪态度越真诚，从宽比例可大些；反之则不宜过大。二是对于坦白情节，原则上从轻处罚，但特殊情况下可以减轻处罚。对于因犯罪嫌疑人如实供述自己罪行，避免人员重伤、死亡的；或者避免特别巨大经济损失的；或者帮助司法机关得以侦破重大案件、抓获重大犯罪嫌疑人的；或者避免造成特别恶劣的政治影响或特别重大的社会恐慌等其他特别严重后果发生的，可以考虑减轻处罚。

4. 当庭自愿认罪

当庭自愿认罪，是指被告人当庭自愿承认被指控的犯罪。能当庭认罪的被告人，一般主观恶性和人身危险性较小，同时，当庭认罪能使法庭选择普通程序简化审或者简易程序审理案件，在保证公正的前提下，提高了诉讼效率，节约了司法资源，所以对当庭自愿认罪的被告人从宽处罚，既有实体法的意义，又有程序法的价值。因此，《量刑指导意见》规定，对于当庭自愿认罪的，根据犯罪的性质、罪行的轻重、认罪程度以及悔罪表现等情况，可以减少基准刑的10%以下，依法认定自首、坦白的除外。

认定和适用当庭自愿认罪，重点把握以下几点：一是自愿认罪的程度只要求被告人承认被指控的基本犯罪事实。二是从宽与否以及从宽处罚的幅度要综合考虑犯罪的性质、罪行的轻重、认罪程度以及悔罪表现等情况。如实供述全部犯罪事实的，从宽的幅度要高于供述主要犯罪事实的；供述相对稳定的，从宽的幅度要高于时供时翻的；悔罪态度真诚，不仅认罪还协助寻找作案工具或真诚向被害人道歉的，从宽的幅度要高于单纯认罪的。三是对于被告人当庭自愿认罪，但按照法律规定不能适用普通程序简化审或者简易程序的，因审判效率也远远高于不认罪案件，故亦可对被告人从轻处罚。

5. 自首、立功、坦白和当庭自愿认罪的综合分析

（1）从宽比例的递减。自首、坦白和当庭自愿认罪是三个彼此交叉但性质不同的量刑情节。从到案的方式上看，自首是自动到案，坦白与当庭自愿认罪是被动到案。从供述的形式上看，自首是如实供述司法机关尚未掌握的罪行，是典型的主动供述；坦白是如实司法机关已经掌握的罪行或尚未掌握的同种罪行，是相对意义上的主动供述；当庭自愿认罪是当庭承认公诉机关已经掌握并提出指控的犯罪事实，是典型的被动供述。因此，

《量刑指导意见》规定的自首、坦白和当庭自愿认罪三个从宽处罚情节的调节比例呈40%、20%和10%递减的模式。

（2）坦白与自首、立功的比较。对于被告人既如实交代司法机关尚未掌握的同种犯罪事实，又如实供述司法机关尚未掌握的异种犯罪事实的，同时符合坦白和特别自首的规定，可以同时适用坦白情节和自首情节。对于共同犯罪的被告人如实供述共同犯罪事实和同案犯的个人信息，但不符合立功规定的，根据《最高人民法院关于处理自首和立功若干具体问题的意见》的相关规定，应认定为坦白。

（3）当庭自愿认罪与自首、坦白的比较。认定自首或者坦白，一般要求被告人当庭自愿认罪，如果不认罪，往往自首或者坦白情节就不能成立。因此，对同一犯罪事实，如果已经认定自首或者坦白，即使被告人又当庭自愿认罪的，也不宜再认定当庭自愿认罪情节并予以从轻处罚，否则，就有重复评价之嫌。但若由于被告人自愿认罪，适用了普通程序简化审或者简易程序，具有程序法的价值，也可以酌情从轻处罚，实践中可一并在自首或者坦白的从宽幅度内选择更大的比例予以从轻。对于没有认定自首或坦白情节，被告人当庭自愿认罪的，可认定当庭自愿认罪情节，并根据具体情况决定是否从宽处罚以及从宽处罚的幅度。

（三）退赃、退赔，赔偿损失和被害人谅解

1. 退赃、退赔

退赃是指犯罪分子将犯罪所得的赃款或赃物，直接退还被害人或上缴司法机关的行为。退赔是指犯罪分子因犯罪所得的赃物已被非法处置或毁损而无法退还被害人原物，故采取折价方式直接赔偿被害人或上缴司法机关的行为。《量刑指导意见》规定，对于退赃、退赔的，综合考虑犯罪性质，退赃、退赔行为对损害结果所能弥补的程度，退赃、退赔的数额及主动程度等情况，可以减少基准刑的30%以下。

在具体案件中如何掌握退赃、退赔的从宽幅度，要综合考虑以下因素：一是犯罪性质及罪行轻重。一般情况下，盗窃、诈骗、抢夺、职务侵占等非暴力型犯罪侵犯的客体仅限于财产，被告人退赃、退赔对于恢复遭破坏的社会关系、降低社会危害性作用更大，可获得的从轻处罚比例相应也更大；而抢劫等暴力型犯罪侵犯的是双重客体，往往伴随着被害人的人身损害和财产损失，退赃、退赔对降低社会危害性的作用有所局限，从而可获得的从轻处罚比例相对较小。二是弥补程度及数额。一般情况下，全部退赃、退赔的从轻比例应高于部分退赃、退赔。同时，还要考虑退赃、退赔的绝对数额，退赃、退赔的数额或价值越高，社会危害性就大大降低，适用的从轻比例就可以越大。三是退赃、退赔的主动程度。对于被告人在案发前自动归还被害人财物的，或者案发后举债退赔的，可以考虑适用最大的从轻比例。同时，基于大多数被告人均被羁押的现实情况，其亲友主动退赃、退赔或者在司法机关追缴赃款、赃物过程中积极配合的，应视为被告人本人主动退赃、退赔的行为。

另外，退赃、退赔区别于追赃、追缴。追赃、追缴是司法机关的职权行为，与被告人的悔罪态度及人身危险性大小无关（积极配合追赃、追缴除外），一般不能作为体现被告人认罪悔罪的从宽处罚情节予以考虑。但若被告人积极配合办案机关追缴赃款、赃物和违法所得的，确实降低、弥补了犯罪对社会的危害，可依法作为量刑情节考虑，但从轻的比例一般不超过10%。

2. 赔偿损失

赔偿损失是指被告人积极赔偿被害人因其犯罪行为而遭受的各种经济损失。《量刑指导意见》规定，对于积极赔偿被害人经济损失的，综合考虑犯罪性质、赔偿数额、赔偿能力等情况，可以减少基准刑的30%以下。

实践中，对于积极赔偿被害人经济损失情节，应当综合考虑以下要素：一是犯罪性质及罪行轻重。一般而言，赔偿被害人生命、健康等人身权利遭受侵害的损失，其意义大于赔偿侵财类案件中被害人的间接损失，相应的从宽幅度可以较大。二是赔偿数额及比例。一般而言，被害人的合理、合法赔偿请求得到全部满足的，从轻幅度应高于部分满足的。但是，当被害人损失数额较小时，即使全部赔偿，从宽幅度一般也不宜过大。三是赔偿能力。被告人是否竭尽其经济能力进行赔偿，是认定其是否积极主动、是否真诚悔罪的重要标准。有的被告人财力雄厚，赔偿能力强，不仅赔偿直接损失，还赔偿间接损失，甚至补偿了被害人的精神损失，可以适用较大的从轻幅度。有些被告人虽然赔偿数额不高，但已穷尽其所有甚至举债赔偿，也应视其为真诚悔罪、积极赔偿，可适用较高的从轻比例。基于被告人一般被羁押的现实情况，其亲友代为赔偿的，应视为被告人本人的赔偿。

3. 被害人谅解

被害人谅解是指被害人或其家属因被告人认罪悔罪、赔偿损失、赔礼道歉或其他正当原因，而对被告人表示谅解，甚至建议司法机关对被告人酌情从宽处罚的行为。《量刑指导意见》规定，对于取得被害人或其家属谅解的，综合考虑犯罪的性质、罪行轻重、谅解的原因以及认罪悔罪的程度等情况，可以减少基准刑的20%以下。

在具体案件中确定被害人谅解的从轻比例，主要考虑以下因素：一是犯罪性质及罪行轻重。一般而言，单纯的侵财犯罪，或者因婚姻、家庭、恋爱、邻里琐事等民间矛盾激化而引发的侵犯人身权利犯罪，因被害人及其家属表示谅解能较大程度地化解社会矛盾，其量刑意义更大，可以较大幅度地从宽处罚。二是谅解原因及真实程度。对于被害人基于正常原因而真诚谅解的，可以较大幅度从宽处理；对于被害人虽表示谅解但谅解的真实程度不高的，应严格控制从宽处罚幅度。三是认罪悔罪程度。对于被告人认罪、悔罪程度不高，仅仅是因为足额赔偿而获得被害人或其家属谅解的，一般不予适用较高的从轻比例。

4. 退赃退赔、赔偿损失和被害人谅解的综合分析

（1）将被害人谅解情节单列的原因。退赃退赔与积极赔偿被害人损失往往是获得被害人及其家属谅解的前提，实践中经常是并列存在的。虽然如此，被告人虽未赔偿被害人经济损失或退赃、退赔，但被害人同样表示谅解的情况仍然存在。为确保各种常见量刑情节的普遍适用，《量刑指导意见》将被害人谅解作为单独的量刑情节予以规定。但需注意的是，对于被害人谅解与赔偿被害人经济损失，退赃、退赔与赔偿被害人经济损失同时具备时，考虑到退赃、退赔与赔偿被害人经济损失是促使被害人谅解的主要原因，故对被害人谅解情节的从宽幅度应适当控制。一般而言，当已对退赃、退赔或赔偿被害人经济损失等量刑情节确定较高甚至是最大的从宽幅度时，不宜再对被害人谅解情节适用最大或较高的从轻处罚比例。

（2）退赃、退赔与赔偿损失的区别。退赃、退赔中，赃款、赃物一般局限于被害人在物质上的直接损失，也即被告人通过犯罪手段获取的原属于被害人的财物，多见于侵财类犯罪；而赔偿被害人经济损失中的经济损失，一般指被害人因生命、健康遭受犯罪行为侵害而引发的各种经济损失，包括医疗费、死亡补偿金、丧葬费、交通费、误工费及抚养费等，多见于侵害人身权利类犯罪。在抢劫等同时侵犯人身、财产权利的犯罪中，如果被告人同时具有该两个量刑情节，应严格控制累加后的从宽幅度，避免机械累加从宽幅度导致量刑偏轻。

（3）共同犯罪中退赃、退赔和赔偿被害人损失的量刑问题。一般而言，共同犯罪中的退赔退赃及赔偿被害人损失，不管内部如何按份划分，对外均对被害人共同承担连带赔偿责任。因此，在各被告人均到案并能履行退赃、退赔义务或赔偿义务的情况下，某一被告人按其分得的赃款、赃物或应当承担的责任，进行退赃、退赔或经济赔偿，即视为全部退赃、退赔或积极赔偿全部经济损失；在其他同案犯未到案，或者虽到案但无能力或拒不退赃、退赔或赔偿的情况下，该被告人应对其参与的全部犯罪数额退赃、退赔或应先行承担全部赔偿责任，才可视为全部退赃、退赔或赔偿全部经济损失，并适用较大的从宽幅度。否则，只能按照部分退赃、退赔

的情况或部分赔偿经济损失的情况确定从轻处罚比例。但可适当从高。对于其他未能退赃、退赔或赔偿损失的被告人，因共同犯罪的社会危害性得以减轻并非其实施的退赃、退赔行为所致，无法体现人身危险性是否减小和悔罪态度如何，故一般不应得到从宽处罚。

（四）累犯和前科

1. 累犯

《量刑指导意见》规定，对于累犯，应当综合考虑前后罪的性质、刑罚执行完毕或赦免以后至再犯罪时间的长短以及前后罪罪行轻重等情况，可以增加基准刑的10%～40%。

具体案件中，应当综合考虑前后罪的性质、刑罚执行完毕或赦免以后至再犯罪时间的长短以及前后罪罪行轻重等情况确定具体比例。具体而言：一是前后罪的犯罪性质。一般而言，在相同情况下，犯罪性质严重的累犯，从重幅度应当大于犯罪性质相对较轻的累犯；同种累犯（即前后罪犯罪一样）的从重幅度应当大于非同种累犯；前后罪性质相近或相似的累犯，其从重幅度又应当大于前后罪性质完全不同的累犯。比如，甲、乙、丙三人的前罪都是盗窃罪，且罪行轻重一致，在刑满释放后一年内又分别犯盗窃罪、抢夺罪和故意伤害罪，并假设后罪均应当判处有期徒刑五年，在此情况下，三人的累犯情节的从重幅度就应当是甲最大，乙次之，丙最小。二是前后罪的间隔时间。一般而言，前后罪的间隔时间越短，表明犯罪分子的人身危险性越大，从重的幅度就应当越大。比如，甲、乙二人前罪的犯罪性质和罪行轻重一致，分别在刑满释放后的一个月和二年再犯与前罪性质不同的罪，并假设后罪均应当判处有期徒刑五年，在此情况下，甲的累犯情节的从重幅度就应当比乙大。三是前后罪的罪行轻重。一般而言，前罪越重、关押的时间越长，出狱后再犯罪，表明其越不堪改造、人身危险性越大，因此需要从重的幅度越大；犯罪分子经过改造后，不思悔改，不仅再犯后罪，而且是犯重罪，表明其人身危险性更大。因此，在相同情况下，后罪罪行越重，其人身危险性越大，需要从重处罚的幅度就越大。比如，甲、乙二人前罪的犯罪性质和罪行轻重一致，均在刑满释放后一年再犯罪，并假设甲乙的后罪应当判处的刑罚分别为有期徒刑十年和三年，在此情况下，甲的累犯情节的从重幅度就应当比乙大。

2. 前科劣迹

前科劣迹包含前科和劣迹。前科专指犯罪前科，即曾经因为犯罪受过刑事处罚。劣迹，主要指劳动教养，或者与劳动教养程度相当的劣迹。《量刑指导意见》规定，对于有前科劣迹的，综合考虑前科劣迹的性质、时间间隔长短、次数、处罚轻重等情况，可以增加基准刑的10%以下。

在具体案件中，应当综合考虑前科劣迹的性质、时间间隔长短、次数、处罚轻重等情况确定具体比例。一般而言，前科劣迹与本罪的性质越近、时间间隔越短、前科劣迹次数越多、处罚越重，就表明其人身危险性越大，越难以改造，需要从重的幅度就越大，反之就越小。具体情形的认定与累犯基本一致。

3. 累犯与前科劣迹的综合分析

（1）比例的衔接。累犯和前科劣迹均是对犯罪人罪前行为的定性和评价。二者虽在概念上虽有重合的部分，但因累犯具有严格的时间界点限制，所以在适用中相互补充和配合，即对于案发前有多次犯罪的，凡是符合累犯构成的，由累犯情节调节；累犯情节之外的，由前科劣迹情节调节。因此，《量刑指导意见》在比例的设置上也采用了衔接和递进的方式，即规定累犯从重的幅度是10%～40%，前科劣迹的从重幅度是10%以下。

（2）次数的考量。在前科劣迹情节中，明确规定必须考虑前科劣迹的次数掌握从重的幅度，而在累犯情节中，并未规定必须考虑累犯的次数掌握从重的幅度。这主要是因为，累犯情节中一般不认同有多次累犯一说，而多次前科劣迹情形在实践中并不少见。显然，有多次前科劣迹者的人身危险性大于只有一次前科劣迹者，故对多次前科劣迹更要从重处罚。

（3）累犯与前科劣迹并存时的适用。实践中，有时出现累犯与前科劣迹并存的情形。也就是说，除构成累犯的前科外，还有其他前科劣迹。一般来说，被告人所犯前罪都属于前科的内容。对于被告人因为前罪被判处有期徒刑以上刑罚，构成累犯的，不管前罪是一罪还是数罪，都应当作为确定累犯从重处罚比例的考虑因素。此时的前科不单独作为从重处罚考量的因素。对于前罪有数罪，构成重复累犯的，可依法增大从重处罚的比例。对于已作为累犯从重处罚因素考虑的前罪以外的前科劣迹，可根据具体情况区别处理：若在累犯从重处罚幅度内足以达到从重处罚效果的，可不再单独考虑；若不足以体现从重处罚效果的，可以单独确定从重比例，以实现罪责刑相适应。比如，甲1993年因强奸被判处五年，2000年因盗窃被判处三年，2004年因强奸、盗窃被判七年，2010年1月13日减刑释放。同年7月15日，甲又无故持木棒殴打路过的行人，致该人重伤。甲的前三次犯罪，除最后一次犯罪构成累犯外，前两次均属于前科。同时，甲四次犯罪的间隔时间均不超过五年，后三次犯罪均属于累犯，即构成重复累犯。分析甲的犯罪轨迹，四次犯罪间隔非常之短；前后犯罪的性质均较为严重，都有暴力性犯罪；前罪两次强奸，两次盗窃，罪行较为严重，且关押时间也较长，出狱后仍不思悔改，不仅再犯罪，而且是犯更严重的重罪，以上充分说明其主观恶性、人身危险性及行为的社会危害性均很大，需要从严、从重处罚。据此，对甲在累犯从重处罚幅度内尚不足以起到惩罚和遏制犯罪的作用，应当在认定累犯的基础上再认定前科情节，并且都应适用最高的从重处罚比例，即累犯，增加基准刑的40%；前科，增加基准刑的10%，以实现罪责刑相适应。

（五）针对弱势人员犯罪和在灾害及突发事件期间犯罪

1. 针对弱势人员犯罪

未成年人、老年人、残疾人和孕妇等弱势人员受自身生理条件限制，自我保护能力相对较差，容易受到犯罪行为的侵害，且往往造成较大的损害后果。《量刑指导意见》规定，对于犯罪对象为未成年人、老年人、残疾人、孕妇等弱势人员的，综合考虑犯罪的性质、犯罪的严重程度等情况，可以增加基准刑的20%以下。

审判实践中，对于以老年人为犯罪对象的，应综合考虑老年人的年龄、身体状况、危害后果以及恢复的可能性等因素，选择适当的从重比例。对于以未成年人为犯罪对象的，若属于法定的从重处罚情节，比如抢夺罪的司法解释规定抢夺不满14周岁的未成年人财物的从重处罚，从重处罚的比例应适当增大；若属于一般酌定从重处罚情节，应结合犯罪行为的社会危害性程度，综合考虑未成年人的身心发展情况、被犯罪行为侵害的可恢复性等因素确定合适的比例。对于以残疾人为犯罪对象的，应当综合考虑犯罪的性质，犯罪给残疾人造成的身体伤害程度和生活影响程度等，确定合适的调节比例。对于以孕妇为犯罪对象的，要结合犯罪的性质和严重程度，犯罪对孕妇和胎儿健康造成的影响以及社会的反应等方面，综合考虑确定合适的调节比例。对于针对重病患者等其他弱势人员实施的犯罪，只要在法律上、道德上具有特殊保护的必要，也可参照对未成年人、残疾人、老年人和孕妇等弱势群体的规定，把握从重处罚的比例。

2. 在灾害及突发事件期间犯罪

在重大自然灾害及突发事件期间，灾区的生产和生活秩序受到重大破坏，人民群众的生命的财产安全遭到重大侵害，社会秩序整体和谐稳定受到严重威胁，确保社会生产生活的正常秩序尤为重要。《量刑指导意见》规定，对于在重大自然灾害、预防、控制突发传染病疫情等灾害期间犯罪的，根据案件的具体情况，可以增加基准刑的20%以下。

审判实践中，对于在重大自然灾害期间犯罪的，要综合灾害发生的严重程度、犯罪发生的时间以及犯罪与灾害之间的关系是否密切等因素综合决定。对于依法从重处罚的，应当在法定限度内确定较平时更高些的从重比例；对于不该从重处罚的，则应避免不加区分地一律从重。对于在预防、控制突发传染病疫情期间犯罪的，要注意分析疫情发生的严重程度、传播的范围、犯罪行为对疫情防控的影响以及犯罪行为与疫情防控之间的紧密程度等因素来综合确定。

3. 针对弱势人员犯罪和在灾害及突发事件期间犯罪的比较分析

首先，准确区分犯罪事实与量刑情节。针对弱势人员犯罪强调的是特殊犯罪对象，在灾害及突发事件期间犯罪强调的是特殊犯罪时期。对于已将弱势人员等特殊犯罪对象或灾害及突发事件期间等特殊犯罪时期作为犯罪构成事实，在确定基准刑时予以评价的，不可再将其作为从重处罚的量刑情节调节基准刑。比如，以奸淫幼女的，以幼女为奸淫对象是在确定强奸罪基准刑时考虑的犯罪构成事实，不能再作为针对未成人犯罪的从重处罚情节调节基准刑。

其次，避免适用范围的扩大化。针对弱势人员犯罪重点保护特殊人群，在灾害及突发事件期间犯罪重点保护灾害及突发事件期间的生产生活秩序。实践中要综合考虑犯罪行为是否利用到弱势人群的缺陷，并对弱势人群造成较普通人更大的伤害，或者是否利用特殊时期的特殊因素，并对生产生活秩序造成较平时更严重的侵害作为从重处罚的依据。不能不加甄别地对所有犯罪一律从重。比如，针对未成年人、老年人和残疾人等弱势人员发生的交通肇事等过失类犯罪，一般不宜从重处罚。又如，对于在灾害及突发事件期间犯罪的，应注意把握灾害期间与犯罪类型的关系，特别是灾害类型与犯罪类型的关系，决定是否从重以及从重处罚的幅度。

附一：量刑规范化改革相关司法文件

最高人民法院
关于印发《人民法院量刑指导意见（试行）》的通知

2010年9月13日　　法发〔2010〕36号

各省、自治区、直辖市高级人民法院，解放军军事法院，新疆维吾尔自治区高级人民法院生产建设兵团分院：

"规范裁量权，将量刑纳入法庭审理程序"（以下简称"量刑规范化改革"）是中央确定的重大司法改革项目。根据中央关于深化司法体制和工作机制改革的总体部署，经过深入调研论证，广泛征求各方面意见，最高人民法院制定了《人民法院量刑指导意见（试行）》（以下简称《量刑指导意见》），最高人民法院、最高人民检察院、公安部、国家安全部和司法部联合制定了《关于规范量刑程序若干问题的意见（试行）》（另行印发）。《量刑指导意见》经过全国部分法院较长时间试点，成效明显，已经具备在全国法院全面试行的条件，决定从2010年10月1日起在全国法院全面试行，现印发给你们指导量刑工作，并提出以下意见：

一、充分认识量刑规范化改革的重大意义

量刑规范化改革是法治进步和时代发展的客观需要，是新时期人民群众的新要求新期待，主要目的在于统一法律适用标准，规范裁量权，严格执行法律，准确裁量刑罚，确保办案质量，实现公平正义，维护社会稳定，促进社会和谐。推行这项改革，对于完善量刑制度和刑事诉讼制度，提高执法办案水平，促进社会主义法治建设，保障在全社会实现公平正义，具有十分重要的意义。中央高度重视量刑规范化改革，中央政治局常委、中央政法委书记周永康同志充分肯定了量刑规范化改革取得的成效，要求各级人民法院要把量刑规范化改革作为提高办案质量和水平的一项重要工作，结合审判实际，细化执行标准，搞好法官培训，精心组织实施。各级人民法院要从全局的高度深刻认识量刑规范化改革的重大意义，把思想认识统一到中央决策部署上来，把量刑规范化改革作为当前和今后长期的一项工作任务，积极稳妥地推进，确保取得成效。

二、研究制定实施细则

《量刑指导意见》对量刑的基本方法、常见量刑情节的适用、常见犯罪的量刑等内容作了原则性规定，各高级人民法院要结合当地实际，按照规范、实用、符合审判实际的原则要求，依法、科学、合理地进行细化，保证实施细则的规范性、实用性和可操作性。

三、认真组织学习培训

量刑规范化改革改变了传统的量刑方法，对人民法院量刑工作提出了新的更高的要求。各高级人民法院要及时组织学习培训工作，培训到每一位刑事法官，让每一位刑事法官都了解量刑规范化改革的基本思路和具体内容，掌握量刑的基本方法和技巧，确保《量刑指导意见》正确试行。

四、全面试行量刑规范化

《量刑指导意见》从2010年10月1日起在全国法院全面试行。各级人民法院要以《量刑指导意见》为指导，统一法律适用标准，严格依法办案，确保量刑公正和均衡。要及时解决试行中遇到的问题和困难，确保量刑规范化工作平稳有序开展，不断提高办案质量和水平。

五、及时总结不断深化

量刑规范化改革是一项全新的司法活动，需要有一个不断总结完善的过程。在试行过程中，可能会遇到各种各样的问题，各地法院要及时研究解决，并将有关情况报告最高人民法院。最高人民法院将定期调研总结，适时对《量刑指导意见》进行完善，不断提高量刑规范化水平。

附：

人民法院量刑指导意见（试行）

为进一步规范刑罚裁量权，贯彻落实宽严相济的刑事政策，增强量刑的公开性，实现量刑均衡，维护司法公正，根据刑法和刑事司法解释的有关规定，结合审判实践，制定本意见。

一、量刑的指导原则

1. 量刑应当以事实为根据，以法律为准绳，根据犯罪的事实、犯罪的性质、情节和对于社会的危害程度，决定判处的刑罚。

2. 量刑既要考虑被告人所犯罪行的轻重，又要考虑被告人应负刑事责任的大小，做到罪责刑相适应，实现惩罚和预防犯罪的目的。

3. 量刑应当贯彻宽严相济的刑事政策，做到该宽则宽，当严则严，宽严相济，罚当其罪，确保裁判法律效果和社会效果的统一。

4. 量刑要客观、全面把握不同时期不同地区的经济社会发展和治安形势的变化，确保刑法任务的实现；对于同一地区同一时期，案情相近或相似的案件，所判处的刑罚应当基本均衡。

二、量刑的基本方法

1. 量刑步骤

（1）根据基本犯罪构成事实在相应的法定刑幅度内确定量刑起点；

（2）根据其他影响犯罪构成的犯罪数额、犯罪次数、犯罪后果等犯罪事实，在量刑起点的基础上增加刑罚量确定基准刑；

（3）根据量刑情节调节基准刑，并综合考虑全案情况，依法确定宣告刑。

2. 量刑情节调节基准刑的方法

（1）具有单个量刑情节的，根据量刑情节的调节比例直接对基准刑进行调节。

（2）具有多种量刑情节的，根据各个量刑情节的调节比例，采用同向相加、逆向相减的方法确定全部量刑情节的调节比例，再对基准刑进行调节。

（3）对于具有刑法总则规定的未成年人犯罪、限制行为能力的精神病人犯罪、又聋又哑的人或者盲人犯罪、防卫过当、避险过当、犯罪预备、犯罪未遂、犯罪中止、从犯、胁从犯和教唆犯等量刑情节的，先用该量刑情节对基准刑进行调节，在此基础上，再用其他量刑情节进行调节。

（4）被告人犯数罪，同时具有适用各个罪的立功、累犯等量刑情节的，先用各个量刑情节调节个罪的基准刑，确定个罪所应判处的刑罚，再依法实行数罪并罚，决定执行的刑罚。

（5）对于同一事实涉及不同量刑情节时，不重复评价。

3. 确定宣告刑的方法

（1）量刑情节对基准刑的调节结果在法定刑幅度内，且罪责刑相适应的，可以直接确定为宣告刑；如果具有应当减轻处罚情节的，依法在法定最低刑以下确定宣告刑。

（2）量刑情节对基准刑的调节结果在法定最低刑以下，具有减轻处罚情节，且罪责刑相适应的，可以直接确定为宣告刑；只有从轻处罚情节的，可以确定法定最低刑为宣告刑。

（3）量刑情节对基准刑的调节结果在法定最高刑以上的，可以法定最高刑为宣告刑。

（4）根据案件的具体情况，独任审判员或合议庭可以在10%的幅度内进行调整，调整后的结果仍然罪责刑不相适应的，提交审判委员会讨论决定宣告刑。

（5）综合全案犯罪事实和量刑情节，依法应当判处拘役、管制或者单处附加刑，或者无期徒刑以上刑罚的，应当依法适用。

（6）宣告刑为三年以下有期徒刑、拘役并符合缓刑适用条件的，可以依法宣告缓刑；犯罪情节轻微，不需要判处刑罚的，可以免予刑事处罚。

三、常见量刑情节的适用

量刑时要充分考虑各种法定和酌定量刑情节，根据案件的全部犯罪事实以及量刑情节的不同情形，依法确定量刑情节的适用及其调节比例。对严重暴力犯罪、黑社会性质组织犯罪、毒品犯罪，在确定从宽的幅度时，要从严掌握；对较轻的犯罪要充分体现从宽的政策。对以下常见量刑情节，可以在相应的幅度内确定具体调节比例。本意见尚未规定的其他量刑情节，在量刑时也要予以考虑，并确定适当的调节比例。

1. 对于未成年人犯罪，应当综合考虑未成年人对犯罪的认识能力、实施犯罪行为的动机和目的、犯罪时的年龄、是否初犯、悔罪表现、个人成长经历和一贯表现等情况，予以从宽处罚。

（1）已满14周岁不满16周岁的未成年人犯罪，可以减少基准刑的30%~60%；

（2）已满16周岁不满18周岁的未成年人犯罪，可以减少基准刑的10%~50%。

2. 对于未遂犯，综合考虑犯罪行为的实行程度、造成损害的大小、犯罪未得逞的原因等情况，可以比照既遂犯减少基准刑的50%以下。

3. 对于从犯，应当综合考虑其在共同犯罪中的地位、作用，以及是否实施犯罪实行行为等情况，予以从宽处罚，可以减少基准刑的20%~50%；犯罪较轻的，可以减少基准刑的50%以上或者依法免除处罚。

4. 对于自首情节，综合考虑投案的动机、时间、方式、罪行轻重、如实供述罪行的程度以及悔罪表现等情况，可以减少基准刑的40%以下；犯罪较轻的，可以减少基准刑的40%以上或者依法免除处罚。

5. 对于立功情节，综合考虑立功的大小、次数、内容、来源、效果以及罪行轻重等情况，确定从宽的幅度。

（1）一般立功的，可以减少基准刑的20%以下；

（2）重大立功的，可以减少基准刑的20%～50%；犯罪较轻的，可以减少基准刑的50%以上或者依法免除处罚。

6. 对于被采取强制措施的犯罪嫌疑人、被告人和已宣判的罪犯，如实供述司法机关尚未掌握的罪行，与司法机关已掌握的或者判决确定的罪行属同种罪行的，根据坦白罪行的轻重以及悔罪表现等情况，可以减少基准刑的20%以下。

7. 对于当庭自愿认罪的，根据犯罪的性质、罪行的轻重、认罪程度以及悔罪表现等情况，可以减少基准刑的10%以下，依法认定自首、坦白的除外。

8. 对于退赃、退赔的，综合考虑犯罪性质，退赃、退赔行为对损害结果所能弥补的程度，退赃、退赔的数额及主动程度等情况，可以减少基准刑的30%以下。

9. 对于积极赔偿被害人经济损失的，综合考虑犯罪性质、赔偿数额、赔偿能力等情况，可以减少基准刑的30%以下。

10. 对于取得被害人或其家属谅解的，综合考虑犯罪的性质、罪行轻重、谅解的原因以及认罪悔罪的程度等情况，可以减少基准刑的20%以下。

11. 对于累犯，应当综合考虑前后罪的性质、刑罚执行完毕或赦免以后至再犯罪时间的长短以及前后罪罪行轻重等情况，可以增加基准刑的10%～40%。

12. 对于有前科劣迹的，综合考虑前科劣迹的性质、时间间隔长短、次数、处罚轻重等情况，可以增加基准刑的10%以下。

13. 对于犯罪对象为未成年人、老人、残疾人、孕妇等弱势人员的，综合考虑犯罪的性质、犯罪的严重程度等情况，可以增加基准刑的20%以下。

14. 对于在重大自然灾害、预防、控制突发传染病疫情等灾害期间犯罪的，根据案件的具体情况，可以增加基准刑的20%以下。

四、常见犯罪的量刑

（一）交通肇事罪

1. 构成交通肇事罪的，可以根据下列不同情形在相应的幅度内确定量刑起点：

（1）致人重伤、死亡或者使公私财产遭受重大损失的，可以在六个月至二年有期徒刑幅度内确定量刑起点。

（2）交通肇事后逃逸或者有其他特别恶劣情节的，可以在三年至四年有期徒刑幅度内确定量刑起点。

（3）因逃逸致一人死亡的，可以在七年至八年有期徒刑幅度内确定量刑起点。

2. 在量刑起点的基础上，可以根据责任程度、致人重伤、死亡的人数或者财产损失的数额以及逃逸等其他影响犯罪构成的犯罪事实增加刑罚量，确定基准刑。

（二）故意伤害罪

1. 构成故意伤害罪的，可以根据下列不同情形在相应的幅度内确定量刑起点：

（1）故意伤害致一人轻伤的，可以在六个月至一年六个月有期徒刑幅度内确定量刑起点。

（2）故意伤害致一人重伤的，可以在三年至四年有期徒刑幅度内确定量刑起点。

（3）以特别残忍手段故意伤害致一人重伤，造成六级严重残疾的，可以在十年至十二年有期徒刑幅度内确定量刑起点。依法应当判处无期徒刑以上刑罚的除外。

（4）故意伤害致一人死亡的，可以在十年至十五年有期徒刑幅度内确定量刑起点。依法应当判处无期徒刑以上刑罚的除外。

2. 在量刑起点的基础上，可以根据伤亡后果、伤残等级、手段的残忍程度等其他影响犯罪构成的犯罪事实增加刑罚量，确定基准刑。

3. 雇佣他人实施伤害行为的，可以增加基准刑的20%以下。

4. 有下列情节之一的，可以减少基准刑的20%以下：

（1）因婚姻家庭、邻里纠纷等民间矛盾激化引发的；

（2）因被害人的过错引发犯罪或对矛盾激化引发犯罪负有责任的；

（3）犯罪后积极抢救被害人的。

（三）强奸罪

1. 构成强奸罪的，可以根据下列不同情形在相应的幅度内确定量刑起点：

（1）强奸妇女、奸淫幼女一人一次的，可以在三年至五年有期徒刑幅度内确定量刑起点。

（2）有下列情形之一的，可以在十年至十二年有期徒刑幅度内确定量刑起点：强奸妇女、奸淫幼女情节恶劣的；强奸妇女、奸淫幼女三人的；在公共场所当众强奸妇女的；二人以上轮奸妇女的；强奸致被害人重伤或者造成其他严重后果的。依法应当判处无期徒刑以上刑罚的除外。

2. 在量刑起点的基础上，可以根据强奸人数、次数、致人伤亡后果等其他影响犯罪构成的犯罪事实增加刑罚量，确定基准刑。

（四）非法拘禁罪

1. 构成非法拘禁罪的，可以根据下列不同情形在相应的幅度内确定量刑起点：

（1）未造成伤害后果的，可以在三个月拘役至六个月有期徒刑幅度内确定量刑起点。

（2）致一人重伤的，可以在三年至四年有期徒刑幅度内确定量刑起点。

（3）致一人死亡的，可以在十年至十二年有期徒刑幅度内确定量刑起点。

2. 在量刑起点的基础上，可以根据非法拘禁人数、次数、拘禁时间、致人伤亡后果等其他影响犯罪构成的犯罪事实增加刑罚量，确定基准刑。

3. 有下列情节之一的，可以增加基准刑的20%以下：

（1）具有殴打、侮辱情节的；

（2）国家机关工作人员利用职权非法扣押、拘禁他人的。

4. 为索取合法债务、争取合法权益而非法扣押、拘禁他人的，可以减少基准刑的30%以下。

（五）抢劫罪

1. 构成抢劫罪的，可以根据下列不同情形在相应的幅度内确定量刑起点：

（1）抢劫一次的，可以在三年至五年有期徒刑幅度内确定量刑起点。

（2）有下列情形之一的，可以在十年至十二年有期徒刑幅度内确定量刑起点：入户抢劫的；在公共交通工具上抢劫的；抢劫银行或者其他金融机构的；抢劫三次或者抢劫数额达到数额巨大起点的；抢劫致一人重伤，没有造成残疾的；冒充军警人员抢劫的；持枪抢劫的；抢劫军用物资或者抢险、救灾、救济物资的。

2. 在量刑起点的基础上，可以根据抢劫致人伤亡的后果、次数、数额、手段等其他影响犯罪构成的犯罪事实增加刑罚量，确定基准刑。

（六）盗窃罪

1. 构成盗窃罪的，可以根据下列不同情形在相应的幅度内确定量刑起点：

（1）达到数额较大起点的，或者一年内入户盗窃或者在公共场所扒窃三次的，可以在三个月拘役至六个月有期徒刑幅度内确定量刑起点。

（2）达到数额巨大起点或者有其他严重情节的，可以在三年至四年有期徒刑幅度内确定量刑起点。

（3）达到数额特别巨大起点或者有其他特别严重情节的，可以在十年至十二年有期徒刑幅度内确定量刑起点。

2. 在量刑起点的基础上，可以根据盗窃数额、次数、手段等其他影响犯罪构成的犯罪事实增加刑罚量，确定基准刑。

3. 盗窃近亲属财物的，可以减少基准刑的50%以下。不作犯罪处理的除外。

（七）诈骗罪

1. 构成诈骗罪的，可以根据下列不同情形在相应的幅度内确定量刑起点：

（1）达到数额较大起点的，可以在三个月拘役至六个月有期徒刑幅度内确定量刑起点。

（2）达到数额巨大起点或者有其他严重情节的，可以在三年至四年有期徒刑幅度内确定量刑起点。

（3）达到数额特别巨大起点或者有其他特别严重情节的，可以在十年至十二年有期徒刑幅度内确定量刑起点。依法应当判处无期徒刑的除外。

2. 在量刑起点的基础上，可以根据诈骗数额等其他影响犯罪构成的犯罪事实增加刑罚量，确定基准刑。

（八）抢夺罪

1. 构成抢夺罪的，可以根据下列不同情形在相应的幅度内确定量刑起点：

（1）达到数额较大起点的，可以在三个月拘役至一年有期徒刑幅度内确定量刑起点。

（2）达到数额巨大起点或者有其他严重情节的，可以在三年至四年有期徒刑幅度内确定量刑起点。

（3）达到数额特别巨大起点或者有其他特别严重情节的，可以在十年至十二年有期徒刑幅度内确定量刑起点。依法应当判处无期徒刑的除外。

2. 在量刑起点的基础上，可以根据抢夺数额等其他影响犯罪构成的犯罪事实增加刑罚量，确定基准刑。

（九）职务侵占罪

1. 构成职务侵占罪的，可以根据下列不同情形在相应的幅度内确定量刑起点：

（1）达到数额较大起点的，可以在三个月拘役至一年有期徒刑幅度内确定量刑起点。

（2）达到数额巨大起点的，可以在五年至六年有期徒刑幅度内确定量刑起点。

2. 在量刑起点的基础上，可以根据职务侵占数额等其他影响犯罪构成的犯罪事实增加刑罚量，确定基准刑。

（十）敲诈勒索罪

1. 构成敲诈勒索罪的，可以根据下列不同情形在相应的幅度内确定量刑起点：

（1）达到数额较大起点的，可以在三个月拘役至六个月有期徒刑幅度内确定量刑起点。

（2）达到数额巨大起点或者有其他严重情节的，可以在三年至四年有期徒刑幅度内确定量刑起点。

2. 在量刑起点的基础上，可以根据敲诈勒索数额、手段等其他影响犯罪构成的犯罪事实增加刑罚量，确定基准刑。

（十一）妨害公务罪

1. 构成妨害公务罪的，可以在三个月拘役至一年有期徒刑幅度内确定量刑起点。

2. 在量刑起点的基础上，可以根据妨害公务的手段、造成的后果等其他影响犯罪构成的犯罪事实增加刑罚量，确定基准刑。

3. 煽动群众阻碍依法执行职务、履行职责的，可以增加基准刑的20%以下。

4. 因执行公务行为不规范而导致妨害公务犯罪的，可以减少基准刑的20%以下。

（十二）聚众斗殴罪

1. 构成聚众斗殴罪的，可以根据下列不同情形在相应的幅度内确定量刑起点：

（1）犯罪情节一般的，可以在六个月至一年六个月有期徒刑幅度内确定量刑起点。

（2）有下列情形之一的，可以在三年至四年有期徒刑幅度内确定量刑起点：聚众斗殴3次的；聚众斗殴人数多，规模大，社会影响恶劣的；在公共场所或者交通要道聚众斗殴，造成社会秩序严重混乱的；持械聚众斗殴的。

2. 在量刑起点的基础上，可以根据聚众斗殴人数、次数、手段等其他影响犯罪构成的犯罪事实增加刑罚量，确定基准刑。

3. 组织未成年人聚众斗殴的，可以增加基准刑的20%以下。

（十三）寻衅滋事罪

1. 构成寻衅滋事罪的，可以在三个月拘役至一年有期徒刑幅度内确定量刑起点。

2. 在量刑起点的基础上，可以根据寻衅滋事次数、伤害后果、强拿硬要他人财物或任意损毁、占用公私财物数额等其他影响犯罪构成的犯罪事实增加刑罚量，确定基准刑。

（十四）掩饰、隐瞒犯罪所得、犯罪所得收益罪

1. 构成掩饰、隐瞒犯罪所得、犯罪所得收益罪的，可以根据下列不同情形在相应的幅度内确定量刑起点：

（1）犯罪情节一般的，可以在三个月拘役至六个月有期徒刑幅度内确定量刑起点。

（2）情节严重的，可以在三年至四年有期徒刑幅度内确定量刑起点。

2. 在量刑起点的基础上，可以根据犯罪数额等其他影响犯罪构成的犯罪事实增加刑罚量，确定基准刑。

（十五）走私、贩卖、运输、制造毒品罪

1. 构成走私、贩卖、运输、制造毒品罪的，可以根据下列不同情形在相应的幅度内确定量刑起点：

（1）走私、贩卖、运输、制造鸦片一千克，海洛因、甲基苯丙胺五十克或者其他毒品数量达到数量大起点的，量刑起点为十五年有期徒刑。依法应当判处无期徒刑以上刑罚的除外。

（2）走私、贩卖、运输、制造鸦片二百克，海洛因、甲基苯丙胺十克或者其他毒品数量达到数量较大起点的，可以在七年至八年有期徒刑幅度内确定量刑起点。

（3）走私、贩卖、运输、制造鸦片不满二百克，海洛因、甲基苯丙胺不满十克或者其他少量毒品的，可以在三个月拘役至三年有期徒刑幅度内确定量刑起点；情节严重的，可以在三年至四年有期徒刑幅度内确定量刑起点。

2. 在量刑起点的基础上，可以根据毒品犯罪次数、人次、毒品数量等其他影响犯罪构成的犯罪事实增加刑罚量，确定基准刑。

3. 有下列情节之一的，可以增加基准刑的30%以下：

（1）组织、利用、教唆未成年人、孕妇、哺乳期妇女、患有严重疾病人员、又聋又哑的人、盲人及其他特殊人群走私、贩卖、运输、制造毒品，或者向未成年人出售毒品的；

（2）毒品再犯。

4. 有下列情节之一的，可以减少基准刑的30%以下：

（1）受雇运输毒品的；

（2）毒品含量明显偏低的；

（3）存在数量引诱情形的。

五、附则

1. 本意见对常见法定和酌定量刑情节的调节幅度和常见犯罪的量刑作了原则性规定，各省、自治区、直辖市高级人民法院可以结合当地实际，对常见量刑情节及其他尚未规范的量刑情节，以及常见犯罪的量刑起点幅度、增加刑罚量的具体情形和各种量刑情节进行细化，并报最高人民法院备案。

2. 本意见适用于有期徒刑以下的案件。

3. 本意见所称以上、以下，均包括本数。

4. 本意见自2010年10月1日起试行。

最高人民法院　最高人民检察院
公安部　国家安全部　司法部
印发《关于规范量刑程序若干问题的意见（试行）》的通知

（2010年9月13日）

各省、自治区、直辖市高级人民法院、人民检察院、公安厅（局）、国家安全厅（局）、司法厅（局），解放军军事法院、军事检察院，新疆维吾尔自治区高级人民法院生产建设兵团分院、新疆生产建设兵团人民检察院、公安局、国家安全局、司法局：

为进一步规范量刑程序，促进量刑活动的公开、公正，根据中央关于深化司法体制和工作机制改革的总体部署，在深入调研论证，广泛征求各方面意见的基础上，最高人民法院、最高人民检察院、公安部、国家安全部和司法部联合制定了《关于规范量刑程序若干问题的意见（试行)》。现印发给你们，请认真贯彻执行。对于实施情况及遇到的问题，请分别及时报告最高人民法院、最高人民检察院、公安部、国家安全部、司法部。

附：

关于规范量刑程序若干问题的意见（试行）

为进一步规范量刑活动，促进量刑公开和公正，根据刑事诉讼法和司法解释的有关规定，结合刑事司法工作实际，制定本意见。

第一条 人民法院审理刑事案件，应当保障量刑活动的相对独立性。

第二条 侦查机关、人民检察院应当依照法定程序，收集能够证实犯罪嫌疑人、被告人犯罪情节轻重以及其他与量刑有关的各种证据。

人民检察院提起公诉的案件，对于量刑证据材料的移送，依照有关规定进行。

第三条 对于公诉案件，人民检察院可以提出量刑建议。量刑建议一般应当具有一定的幅度。

人民检察院提出量刑建议，一般应当制作量刑建议书，与起诉书一并移送人民法院；根据案件的具体情况，人民检察院也可以在公诉意见书中提出量刑建议。对于人民检察院不派员出席法庭的简易程序案件，应当制作量刑建议书，与起诉书一并移送人民法院。

量刑建议书中一般应当载明人民检察院建议对被告人处以刑罚的种类、刑罚幅度、刑罚执行方式及其理由和依据。

第四条 在诉讼过程中，当事人和辩护人、诉讼代理人可以提出量刑意见，并说明理由。

第五条 人民检察院以量刑建议书方式提出量刑建议的，人民法院在送达起诉书副本时，将量刑建议书一并送达被告人。

第六条 对于公诉案件，特别是被告人不认罪或者对量刑建议有争议的案件，被告人因经济困难或者其他原因没有委托辩护人的，人民法院可以通过法律援助机构指派律师为其提供辩护。

第七条 适用简易程序审理的案件，在确定被告人对起诉书指控的犯罪事实和罪名没有异议，自愿认罪且知悉认罪的法律后果后，法庭审理可以直接围绕量刑问题进行。

第八条 对于适用普通程序审理的被告人认罪案件，在确认被告人了解起诉书指控的犯罪事实和罪名，自愿认罪且知悉认罪的法律后果后，法庭审理主要围绕量刑和其他有争议的问题进行。

第九条 对于被告人不认罪或者辩护人做无罪辩护的案件，在法庭调查阶段，应当查明有关的量刑事实。在法庭辩论阶段，审判人员引导控辩双方先辩论定罪问题。在定罪辩论结束后，审判人员告知控辩双方可以围绕量刑问题进行辩论，发表量刑建议或意见，并说明理由和依据。

第十条 在法庭调查过程中，人民法院应当查明对被告人适用特定法定刑幅度以及其他从重、从轻、减轻或免除处罚的法定或者酌定量刑情节。

第十一条 人民法院、人民检察院、侦查机关或者辩护人委托有关方面制作涉及未成年人的社会调查报告的，调查报告应当在法庭上宣读，并接受质证。

第十二条 在法庭审理过程中，审判人员对量刑证据有疑问的，可以宣布休庭，对证据进行调查核实，必要时也可以要求人民检察院补充调查核实。人民检察院应当补充调查核实有关证据，必要时可以要求侦查机关提供协助。

第十三条 当事人和辩护人、诉讼代理人申请人民法院调取在侦查、审查起诉中收集的量刑证据材料，人民法院认为确有必要的，应当依法调取。人民法院认为不需要调取有关量刑证据材料的，应当说明理由。

第十四条 量刑辩论活动按照以下顺序进行：

（一）公诉人、自诉人及其诉讼代理人发表量刑建议或意见；

（二）被害人（或者附带民事诉讼原告人）及其诉讼代理人发表量刑意见；

（三）被告人及其辩护人进行答辩并发表量刑意见。

第十五条 在法庭辩论过程中，出现新的量刑事实，需要进一步调查的，应当恢复法庭调查，待事实查清后继续法庭辩论。

第十六条 人民法院的刑事裁判文书中应当说明量刑理由。量刑说理主要包括：

（一）已经查明的量刑事实及其对量刑的作用；

（二）是否采纳公诉人、当事人和辩护人、诉讼代理人发表的量刑建议、意见的理由；

（三）人民法院量刑的理由和法律依据。

第十七条 对于开庭审理的二审、再审案件的量刑活动，依照有关法律规定进行。法律没有规定的，参照本意见进行。

对于不开庭审理的二审、再审案件，审判人员在阅卷、讯问被告人、听取其他当事人、辩护人、诉讼代理人的意见时，应当注意审查量刑事实和证据。

第十八条 本意见自2010年10月1日起试行。

最高人民法院 最高人民检察院 公安部 国家安全部 司法部 关于加强协调配合积极推进量刑规范化改革的通知

2010年11月6日 法发〔2010〕47号

各省、自治区、直辖市高级人民法院、人民检察院、公安厅（局）、国家安全厅（局）、司法厅（局），解放军军事法院、军事检察院，新疆维吾尔自治区高级人民法院生产建设兵团分院、新疆生产建设兵团人民检察院、公安局、国家安全局、司法局：

“规范裁量权，将量刑纳入法庭审理程序”（以下简称量刑规范化改革）是中央确定的重大司法改革项目。根据中央关于深化司法体制和工作机制改革的总体部署要求，在深入调研论证，广泛征求各方面意见的基础上，最高人民法院制定了《人民法院量刑指导意见（试行）》，最高人民法院、最高人民检察院、公安部、国家安全部、司法部联合制定了《关于规范量刑程序若干问题的意见（试行）》。经中央批准同意，从2010年10月1日起在全国全面推行量刑规范化改革。为认真贯彻落实中央的重大决策部署，积极推进量刑规范化改革，确保改革取得成效，现就有关问题通知如下：

一、充分认识量刑规范化改革的重要意义，全面开展量刑规范化改革

1. 量刑规范化改革是规范裁量权，实现量刑公正和均衡，提高执法公信力和权威的重要保证，是推动社会矛盾化解、完善社会管理创新、促进公正廉洁执法的重要举措。量刑规范化改革是中央根据新时期新形势，认真总结司法实践经验，倾听人民群众对司法公正的呼声，作出的决策部署。中央决定实施量刑规范化改革，是对时代呼唤、群众心声和现实需要的积极回应，事关人心向背，事关党的执政基础。改革的主要目的，是进一步规范法官审理刑事案件的刑罚裁量权，通过将量刑纳入法庭审理程序，增强量刑的公开性与透明度，统一法律适用标准，更好地贯彻落实宽严相济的刑事政策。这项改革的顺利施行，将更加有利于依法准确惩罚刑事犯罪，更加有利于依法保障公民的诉讼权利，更加有利于维护社会和谐稳定，更加有利于刑事司法工作的科学发展，意义重大。各级人民法院、人民检察院、公安机关、国家安全机关和司法行政机关，一定要从全局高度认识中央这一决策部署的重大意义，进一步统一思想，提高认识，认真学习有关文件，准确把握改革内容，积极开展量刑规范化改革，确保取得良好的法律效果和社会效果。

二、更新执法理念，加强协作配合，深入推进量刑规范化改革

2. 要更新刑事执法理念。量刑规范化改革是一项新的工作，对执法人员的执法理念、程序意识、执法能力都提出了新的更高的要求。各级人民法院、人民检察院、公安机关、国家安全机关和司法行政机关要通过深入开展社会主义法治理念教育，彻底清理和摒弃那些不符合、不适应社会主义法治理念要求的陈旧观念，牢固树立打击犯罪与保障人权并重、定罪与量刑并重、实体公正与程序公正并重的社会主义刑事执法理念，切实提高执法办案的能力和水平，实现办案法律效果和社会效果有机统一。

3. 要高度重视调查取证工作。侦查机关、检察机关不但要注重收集各种证明犯罪嫌疑人、被告人有罪、罪重的证据，而且要注重收集各种证明犯罪嫌疑人、被告人无罪、罪轻的证据；不但要注重收集各种法定量刑情节，而且要注重查明各种酌定量刑情节，比如案件起因、被害人过错、退赃退赔、民事赔偿、犯罪嫌疑人、被告人一贯表现等，确保定罪量刑事实清楚，证据确实充分。为量刑规范化和公正量刑，以及做好调解工作、化解社会矛盾奠定基础。

4. 要进一步强化审查起诉工作。人民检察院审查案件，要客观全面审查案件证据，既要注重审查定罪证据，也要注重审查量刑证据；既要注重审查法定量刑情节，也要注重审查酌定量刑情节；既要注重审查从重量刑情节，也要注重审查从轻、减轻、免除处罚量刑情节。在审查案件过程中，可以要求侦查机关提供法庭审判所必需的与量刑有关的各种证据材料。对于量刑证据材料的移送，依照有关规定进行。

5. 要全面执行刑事诉讼法规定的各种强制措施。在侦查活动中，对于罪行较轻，社会危害性较小的犯罪嫌疑人，如果符合取保候审、监视居住条件，要尽量适用取保候审、监视居住等强制措施，减少羁押性强制措施的适用；人民检察院、人民法院在审查起诉、审判过程中，发现羁押期限可能超过所应判处刑罚的，可以根据案件情况变更强制措施，避免羁押期超过判处的刑期，切实保障被告人的合法权益。

6. 要继续完善量刑建议制度。检察机关要坚持积极、慎重、稳妥的原则，由易到难，边实践边总结，逐步扩大案件适用范围。要依法规范提出量刑建议，注重量刑建议的质量和效果。提出量刑建议，一般应当制作量刑建议书。对于人民检察院不派员出席法庭的简易程序案件，应当制作量刑建议书。量刑建议一般应当具有一定的幅度，但对于敏感复杂的案件、社会关注的案件、涉及国家安全和严重影响局部地区稳定的案件等，可以不提出具体的量刑建议，而仅提出依法从重、从轻、减轻处罚等概括性建议。

7. 要加强律师辩护工作指导，加大法律援助工作力度。各级司法行政机关、律师协会要加强对律师辩护工作的指导，完善律师办理刑事案件业务规则，规范律师执业行为。律师办理刑事案件，要依法履行辩护职责，切实维护犯罪嫌疑人、被告人的合法权益。司法机关应当充分保障律师执业权利，重视辩护律师提出的量刑证据和量刑意见。司法行政机关要进一步扩大法律援助范围，加大法律援助投入，壮大法律援助队伍，尽可能地为那些不认罪或者对量刑建议有争议、因经济困难或者其他原因没有委托辩护人的被告人提供法律援助，更好地保护被告人的辩护权。

8. 要进一步提高法庭审理的质量和水平。在法庭审理中，应当保障量刑程序的相对独立性，要合理安排定罪量刑事实调查顺序和辩论重点，对于被告人对指控的犯罪事实和罪名没有异议的案件，可以主要围绕量刑和其他有争议的问题进行调查和辩论；对于被告人不认罪或者辩护人作无罪辩护的案件，应当先查明定罪事实和量刑事实，再围绕定罪和量刑问题进行辩论。公诉人、辩护人要积极参与法庭调查和法庭辩论。审判人员对量刑证据有疑问的，可以对证据进行调查核实，必要时也可以要求人民检察院补充调查核实。人民检察院应当补充调查核实有关证据，必要时可以要求侦查机关提供协助。

三、加强组织协调，确保量刑规范化改革取得实效

9. 加强组织领导，形成工作合力。量刑规范化改革牵涉到政法工作全局，必须依靠党委领导、人大监督和政法各部门的相互支持、相互配合，才能保证各项改革措施落到实处。各级人民法院、人民检察院、公安机关、国家安全机关、司法行政机关要高度重视，严格按照中央的部署要求，切实加强组织领导，认真抓好工作落实。要建立完善工作联席机制，加强相互沟通协调，形成工作合力，及时协调研究解决量刑规范化改革过程中遇到的问题和困难，确保量刑规范化改革顺利推进。

10. 加强业务培训，提高素质能力。量刑规范化改革对调查取证、审查起诉、律师辩护、法律援助、法庭审理等工作提出了新的更高的要求。各级人民法院、人民检察院、公安机关、国家安全机关、司法行政机关要根据工作实际，通过不同途径，采取不同方式，加强业务培训，确保相关刑事办案人员正确理解量刑规范化改革的重要性和必要性，强化量刑程序意识，掌握科学量刑方法，不断提高执法办案的能力和水平，确保刑事办案质量。

11. 加大宣传力度，不断总结提高。量刑规范化改革需要社会各界的理解和支持，要进一步加强宣传解释工作，积极传播量刑规范化改革的重要意义和实际成效，让人民群众充分感受到量刑规范化改革带来的成果。量刑规范化改革目前还处在试行阶段，需要有一个不断总结完善的过程。各级人民法院、人民检察院、公安机关、国家安全机关、司法行政机关要及时总结经验，发现问题，加以改进。上级机关要加强对下级机关的监督指导，及时掌握工作进展情况，切实解决试行工作中存在的问题，不断提高量刑规范化工作水平。对于重大问题，要及时层报最高人民法院、最高人民检察院、公安部、国家安全部和司法部将于明年对各地量刑规范化改革试行情况进行全面检查总结，修改完善试行文件，不断深化量刑规范化改革。

最高人民检察院公诉厅

人民检察院开展量刑建议工作的指导意见（试行）

2010年2月23日　　　　〔2010〕高检诉发21号

为积极推进人民检察院提起公诉案件的量刑建议工作，促进量刑的公开、公正，根据刑事诉讼法和有关司法解释的规定，结合检察工作实际，制定本意见。

第一条　量刑建议是指人民检察院对提起公诉的被告人，依法就其适用的刑罚种类、幅度及执行方式等向人民法院提出的建议。量刑建议是检察机关公诉权的一项重要内容。

第二条　人民检察院提出量刑建议，应当遵循以下原则：

（一）依法建议。应当根据犯罪的事实、犯罪的性质，情节和对于社会的危害程度，依照刑法、刑事诉讼法以及相关司法解释的规定提出量刑建议。

（二）客观公正。应当从案件的实际情况出发，客观、全面地审查证据，严格以事实为根据，提出公正的量刑建议。

（三）宽严相济。应当贯彻宽严相济刑事政策，在综合考虑案件从重、从轻、减轻或者免除处罚等各种情节的基础上，提出量刑建议。

（四）注重效果。提出量刑建议时，既要依法行使检察机关的法律监督职权，也要尊重人民法院独立行使审判权，争取量刑建议的最佳效果。

第三条　人民检察院对向人民法院提起公诉的案件，可以提出量刑建议。

第四条　提出量刑建议的案件应当具备以下条件：

（一）犯罪事实清楚，证据确实充分；

（二）提出量刑建议所依据的各种法定从重、从轻、减轻等量刑情节已查清；

（三）提出量刑建议所依据的重要酌定从重，从轻等量刑情节已查清。

第五条 除有减轻处罚情节外，量刑建议应当在法定量刑幅度内提出，不得兼跨两种以上主刑。

（一）建议判处死刑、无期徒刑的，应当慎重。

（二）建议判处有期徒刑的，一般应当提出一个相对明确的量刑幅度，法定刑的幅度小于3年（含3年）的，建议幅度一般不超过1年；法定刑的幅度大干3年小于5年（含5年）的，建议幅度一般不超过2年；法定刑的幅度大于5年的，建议幅度一般不超过3年。根据案件具体情况，如确有必要，也可以提出确定刑期的建议。

（三）建议判处管制的，幅度一般不超过3个月。

（四）建议判处拘役的，幅度一般不超过1个月。

（五）建议适用缓刑的，应当明确提出。

（六）建议判处附加刑的，可以只提出适用刑种的建议。

对不宜提出具体量刑建议的特殊案件，可以提出依法从重、从轻、减轻处罚等概括性建议。

第六条 人民检察院指控被告人犯有数罪的，应当对指控的各罪分别提出量刑建议，可以不再提出总的建议。

第七条 对于共同犯罪案件，人民检察院应当根据各被告人在共同犯罪中的地位、作用以及应当承担的刑事责任分别提出量刑建议。

第八条 公诉部门承办人在审查案件时，应当对犯罪嫌疑人所犯罪行、承担的刑事责任和各种量刑情节进行综合评估，并提出量刑的意见。

第九条 量刑评估应当全面考虑案件所有可能影响量刑的因素，包括从重、从轻、减轻或者免除处罚等法定情节和犯罪嫌疑人的认罪态度等酌定情节。

一案中多个法定、酌定情节并存时，每个量刑情节均应得到实际评价。

第十条 提出量刑建议，应当区分不同情形，按照以下审批程序进行：

（一）对于主诉检察官决定提起公诉的一般案件，由主诉检察官决定提出量刑建议；公诉部门负责人对于主诉检察官提出的量刑建议有异议的，报分管副检察长决定。

（二）对于特别重大、复杂的案件、社会高度关注的敏感案件或者建议减轻处罚、免除处罚的案件以及非主诉检察官承办的案件，由承办检察官提出量刑的意见，部门负责人审核，检察长或者检察委员会决定。

第十一条 人民检察院提出量刑建议，一般应制作量刑建议书，根据案件具体情况，也可以在公诉意见书中提出。

对于人民检察院不派员出席法庭的简易程序案件，应当制作量刑建议书。

量刑建议书一般应载明检察机关建议人民法院对被告人处以刑罚的种类、刑罚幅度、可以适用的刑罚执行方式以及提出量刑建议的依据和理由等。

第十二条 在法庭调查中，公诉人可以根据案件的不同种类、特点和庭审的实际情况，合理安排和调整举证顺序。定罪证据和量刑证据可以分开出示的，应当先出示定罪证据，后出示量刑证据。

对于有数起犯罪事实的案件，其中涉及每起犯罪中量刑情节的证据，应当在对该起犯罪事实举证时出示；涉及全案综合量刑情节的证据，应当在举证阶段的最后出示。

第十三条 对于辩护方提出的量刑证据，公诉人应当进行质证。辩护方对公诉人出示的量刑证据质证的，公诉人应当答辩。公诉人质证应紧紧围绕案件事实，证据进行，质证应做到目的明确，重点突出、逻辑清楚，如有必要，可以简要概述已经法庭质证的其他证据，用以反驳辩护方的质疑。

第十四条 公诉人应当在法庭辩论阶段提出量刑建议。根据法庭的安排，可以先对定性问题发表意见，后对量刑问题发表意见，也可以对定性与量刑问题一并发表意见。

对于检察机关未提出明确的量刑建议而辩护方提出量刑意见的，公诉人应当提出答辩意见。

第十五条 对于公诉人出庭的简易程序案件和普通程序审理的被告人认罪案件，参照相关司法解释和规范性文件的规定开展法庭调查，可以主要围绕量刑的事实、情节、法律适用进行辩论。

第十六条 在进行量刑辩论过程中，为查明与量刑有关的重要事实和情节，公诉人可以依法申请恢复法庭调查。

第十七条 在庭审过程中，公诉人发现拟定的量刑建议不当需要调整的，可以根据授权作出调整；需要报检察长决定调整的，应当依法建议法庭休庭后报检察长决定。出现新的事实、证据导致拟定的量刑建议不当需要调整的，可以依法建议法庭延期审理。

第十八条 对于人民检察院派员出席法庭的案件，一般应将量刑建议书与起诉书一并送达人民法院；对庭审中调整量刑建议的，可以在庭审后将修正后的量刑建议书向人民法院提交。

对于人民检察院不派员出席法庭的简易程序案件，应当将量刑建议书与起诉书一并送达人民法院。

第十九条 人民检察院收到人民法院的判决、裁定后，应当对判决、裁定是否采纳检察机关的量刑建议以及量刑理由、依据进行审查，认为判决、裁定量刑确有错误、符合抗诉条件的，经检察委员会讨论决定，依法向人民法院提出抗诉。

人民检察院不能单纯以量刑建议未被采纳作为提出抗诉的理由。人民法院未采纳人民检察院的量刑建议并无不当的，人民检察院在必要时可以向有关当事人解释说明。

第二十条 人民检察院办理刑事二审再审案件，可以参照本意见提出量刑建议。

第二十一条 对于二审或者再审案件，检察机关认为应当维持原审裁判量刑的，可以在出席法庭时直接提出维持意见；认为应当改变原审裁判量刑的，可以另行制作量刑建议书提交法庭审理。

第二十二条 各级人民检察院应当结合办案加强对量刑问题的研究和分析，不断提高量刑建议的质量。

第二十三条 各地可以结合实际情况，根据本意见制定本地的工作规程或者实施细则，并报上一级人民检察院公诉部门备案。

最高人民检察院公诉厅
关于印发《人民检察院量刑建议书格式样本（试行）》的通知

2010年9月2日　　〔2010〕高检诉发82号

各省、自治区、直辖市人民检察院公诉部门，军事检察院刑事检察厅，新疆生产建设兵团人民检察院公诉处：

为贯彻落实中央关于深化司法体制和工作机制改革的工作部署，积极推进人民检察院提起公诉案件的量刑建议工作，经最高人民检察院领导批准，我厅于2010年2月制定下发了《人民检察院开展量刑建议工作的指导意见（试行）》。根据各地实践需要，我厅制定了《人民检察院量刑建议书格式样本（试行）》和《量刑建议书制作说明》，现印发给你们，请根据《人民检察院开展量刑建议工作的指导意见（试行）》在试行量刑建议时使用。实践中遇到问题，请及时层报最高人民检察院公诉厅。

附：

人民检察院量刑建议书格式样本（试行）

人民检察院量刑建议书

被告人：

案由：

起诉书文号：

被告人　　　一案，经本院审查认为，被告人　　　的行为已触犯《中华人民共和国刑法》第　　　条（款、项）之规定，犯罪事实清楚，证据确实充分，应当以　　　罪追究其刑事责任，其法定刑为　　　。

因其具有以下量刑情节：

1. 法定从重处罚情节：
2. 法定从轻、减轻或者免除处罚情节：
3. 酌定从重处罚情节：
4. 酌定从轻处罚情节：
5. 其他

故根据　　　（法律依据）的规定，建议判处被告人　　　（主刑种类及幅度或单处附加刑或免予刑事处罚），　　　（执行方式），并处　（附加刑）。

此致

人民法院

检察员：

年　月　日

（院印）

量刑建议书制作说明

一、量刑建议书的格式样本供地方各级人民检察院对提起公诉的案件拟以专门的量刑建议书的形式向人民法院提出量刑建议时使用。拟在公诉意见书中提出量刑建议的，格式同公诉意见书样本。

二、上述格式包括首部、被告人姓名、案由、起诉书文号、行为触犯的法律、涉嫌罪名、法定刑、量刑情节、建议的法律依据、建议的主刑种类及幅度、执行方式、附加刑种类、尾部等。

（一）首部

人民检察院的名称：人民检察院的名称前应写明省（自治区、直辖市）的名称；对涉外案件提起公诉时，人民检察院的名称前均应注明“中华人民共和国”的字样。

（二）法定刑

法定刑为依法应适用的具体刑罚档次。

（三）量刑情节

量刑情节包括法定从重、从轻、减轻或者免除处罚情节和酌定从重、从轻处罚情节。如果有其他量刑理由的，可以列出。

（四）建议的法律依据

包括刑法、相关立法和司法解释等。

（五）建议的内容

建议的主刑属于必填项，如果主刑是拘役、管制、有期徒刑，则一般应有一定的幅度。执行方式和并处附加刑属于选填项。执行方式指是否适用缓刑。附加刑可以只建议刑种种类。如果建议单处附加刑或免予刑事处罚的，则不再建议主刑、执行方式和并处附加刑。

（六）尾部

1. 量刑建议书应当署具体承办案件公诉人的法律职务和姓名。

2. 量刑建议书的年月日，为审批量刑建议书的日期。

三、对于被告人犯有数罪的，应分别指出触犯的法律、涉嫌罪名、法定刑、量刑情节、建议的内容，确有必要提出总的量刑建议的，再提出总的建议。

四、一案中有多名被告人的，可分别制作量刑建议书。

五、对于二审、再审案件需要制作量刑建议书的，可以此格式样本为基础作适当调整。

六、对于量刑建议的原则及如何提出量刑建议等，以《人民检察院开展量刑建议工作的指导意见（试行）》为依据。

附二：量刑规范化改革相关地方司法业务文件

江苏省高级人民法院
《人民法院量刑指导意见（试行）》实施细则

（2010年8月30日）

为进一步规范刑罚自由裁量权，实现量刑均衡，维护司法公正，根据法律、司法解释以及《人民法院量刑指导意见（试行）》的规定，结合我省审判工作实际，制定本实施细则。

一、量刑的指导原则

1. 量刑应当以事实为根据，以法律为准绳，根据犯罪的事实、犯罪的性质、情节和对于社会的危害程度，决定判处的刑罚。

2. 量刑既要考虑被告人所犯罪行的轻重，又要考虑被告人应负刑事责任的大小，做到罪责刑相适应，实现惩罚和预防犯罪的目的。

3. 量刑应当贯彻宽严相济的刑事政策，做到该宽则宽，当严则严，宽严相济，罚当其罪，确保裁判法律效果和社会效果的统一。

4. 量刑要客观、全面把握不同时期不同地区的经济社会发展和治安形势的变化，确保刑法任务的实现；对于同一地区同一时期，案情相近或相似的案件，所判处的刑罚应当基本均衡。

二、量刑的基本方法

1. 量刑步骤

（1）根据基本犯罪构成事实在相应的法定刑幅度内确定量刑起点；

（2）根据其他影响犯罪构成的犯罪数额、犯罪次数、犯罪后果等犯罪事实，在量刑起点的基础上增加刑罚量确定基准刑；

（3）根据量刑情节调节基准刑，并综合考虑全案情况，依法确定宣告刑。

2. 量刑情节调节基准刑的方法

（1）具有单个量刑情节的，根据量刑情节的调节比例直接对基准刑进行调节。

（2）具有多种量刑情节的，根据各个量刑情节的调节比例，采用同向相加、逆向相减的方法确定全部量刑情节的调节比例，再对基准刑进行调节。

（3）对于具有刑法总则规定的未成年人犯罪、限制行为能力的精神病人犯罪、又聋又哑的人或者盲人犯罪、防卫过当、避险过当、犯罪预备、犯罪未遂、犯罪中止、从犯、胁从犯和教唆犯等量刑情节的，先用该量刑情节对基准刑进行调节，在此基础上，再用其他量刑情节进行调节。

（4）被告人犯数罪，同时具有适用各个罪的立功、累犯等量刑情节的，先用各个量刑情节调节个罪的基准刑，确定个罪所应判处的刑罚，再依法实行数罪并罚，决定执行的刑罚。

（5）对于同一事实涉及不同量刑情节时，不重复评价。

3. 确定宣告刑的方法

（1）量刑情节对基准刑的调节结果在法定刑幅度内，且罪责刑相适应的，可以直接确定为宣告刑；如果具有应当减轻处罚情节的，依法在法定最低刑以下确定宣告刑。

（2）量刑情节对基准刑的调节结果在法定最低刑以下，具有减轻处罚情节，且罪责刑相适应的，可以直接确定为宣告刑；只有从轻处罚情节的，可以确定法定最低刑为宣告刑。

（3）量刑情节对基准刑的调节结果在法定最高刑以上的，可以法定最高刑为宣告刑。

（4）根据案件的具体情况，独任审判员或合议庭可以在10%的幅度内进行调整，调整后的结果仍然罪责刑不相适应的，提交审判委员会讨论决定宣告刑。

（5）综合全案犯罪事实和量刑情节，依法应当判处拘役、管制或者单处附力口刑，或者无期徒刑以上刑罚的，应当依法适用。

（6）宣告刑为三年以下有期徒刑、拘役并符合缓刑适用条件的，可以依法宣告缓刑；犯罪情节轻微，不需要判处刑罚的，可以免予刑事处罚。

4. 从宽处罚限定规则

除本细则有明确规定或具备法律规定的减轻处罚情节外，最终确定的宣告刑一般不应低于基准刑的40%。

三、常见量刑情节的适用

（一）法定量刑情节

1. 对于未成年罪犯的审判，应当充分考虑是否有利于未成年罪犯的教育和矫正。对未成年罪犯量刑应当依照刑法第六十一条的规定，并充分考虑未成年人对犯罪的认识能力、实施犯罪行为的动机和目的、犯罪时的年龄、是否初次犯罪、犯罪后的悔罪表现、个人成长经历和一贯表现等因素。对符合管制、缓刑、单处罚金或者免予刑事处罚适用条件的未成年罪犯，应当依法适用管制、缓刑、单处罚金或者免予刑事处罚。

（1）对于犯刑法第十七条第二款规定的故意杀人、故意伤害致人重伤或者死亡、强奸、抢劫、贩卖毒品、放火、爆炸、投放危险物质罪的未成年罪犯，已满14周岁不满15周岁的，可以减少基准刑的40%～60%；已满15周岁不满16周岁的，可以减少基准刑的30%～50%；已满16周岁不满17周岁的，可以减少基准刑的20%～40%；已满17周岁不满18周岁的，可以减少基准刑的10%～30%；

（2）对于犯前款规定以外罪行的未成年罪犯，已满16周岁不满17周岁的，可以减少基准刑的20%～50%；已满17周岁不满18周岁的，可以减少基准刑的10%～40%；

（3）未成年罪犯多次实施违法行为的，或酗酒、赌博屡教不改的，或曾因淫乱、色情、吸毒等违法行为被处罚或教育过的，一般适用从宽幅度的下限；

（4）未成年罪犯一贯表现良好，无不良习惯的，或被教唆、利用、诱骗犯罪的，一般适用从宽幅度的上限；

（5）有确切证据证实未成年罪犯身心成长曾受严重家庭暴力等其他客观因素影响的，可以在本条规定从宽幅度的基础上再减少基准刑的10%以下。但减少基准刑的最终幅度不得高于60%；

（6）未成年罪犯可能被判处拘役、三年以下有期徒刑，同时符合初次犯罪、具有监管帮教条件、一贯表现较好，人格健全等条件的，可以宣告缓刑。

未成年罪犯符合《最高人民法院关于审理未成年人刑事案件具体应用法律若干问题的解释》第十六条规定情形的，应当宣告缓刑。

2. 对于限制刑事责任能力的精神病人，综合考虑犯罪性质、精神疾病的严重程度以及犯罪时精神障碍影响辨认控制能力等情况，可以减少基准刑的40%以下。精神障碍严重影响行为能力的，可以减少基准刑的20%～40%；影响较小的，可以减少基准刑的20%以下。

3. 对于又聋又哑的人或者盲人犯罪，综合考虑聋哑或视力障碍影响其辨认能力的程度决定从轻幅度。

(1) 又聋又哑的人或者盲人犯罪的，可以减少基准刑的10% ~30%；犯罪情节较轻不需要判处刑罚的，可以免予刑事处罚；

(2) 聋或哑，视力或听力存在严重障碍的，可以减少基准刑的20%以下。

4. 对于防卫过当或紧急避险过当的，综合考虑危害后果的大小、危害后果与必要限度的差距、被防卫行为或被避险情况危害性程度等因素，确定从宽幅度。

(1) 轻微过当的，可以减少基准刑的50% ~70%；一般过当的，可以减少基准刑的40% ~60%；严重过当的，可以减少基准刑的30% ~50%；

(2) 轻微过当或一般过当，并具有其他法定从宽处罚情节的，可以免于处罚。

5. 对于预备犯，综合考虑预备犯罪的性质、手段、准备程度等情况确定从宽的幅度。

(1) 实施故意杀人、故意伤害（致人重伤、死亡）、强奸、抢劫、贩卖毒品、放火、爆炸、投放危险物质、绑架等严重破坏社会秩序犯罪的，可以减少基准刑的40% ~60%；

(2) 实施其他犯罪的，可以减少基准刑的50% ~70%；其中，没有造成损害后果的，不需要判处刑罚的，可以免予刑事处罚；

(3) 预备行为情节显著轻微危害不大的，可不认为是犯罪。

6. 对于未遂犯，综合考虑犯罪行为的实行程度、造成损害的大小、犯罪未得逞的原因等情况，确定从宽的幅度。

(1) 实行终了的未遂犯，造成损害后果的，可以比照既遂犯减少基准刑的20%以下；未造成损害后果，或者犯罪情节轻微的，可以比照既遂犯减少基准刑的10% ~30%；

(2) 未实行终了的未遂犯，造成损害后果的，可以比照既遂犯减少基准刑的10% ~30%；未造成损害后果，或者犯罪情节轻微的，可以比照既遂犯减少基准刑的20% ~40%。

7. 对于中止犯，综合考虑中止犯罪的阶段、是否自动放弃犯罪、是否有效防止犯罪结果发生、自动放弃犯罪的原因以及造成的危害后果大小等情况确定从宽的幅度。

(1) 在犯罪预备阶段自动放弃犯罪的，可以减少基准刑的70% ~90%；

（2）在犯罪实行阶段自动放弃犯罪的，可以减少基准刑的30%～50%；自动有效地防止犯罪结果发生的，可以减少基准刑的40%～60%；

（3）中止犯罪，并且没有造成损害后果，不需要判处刑罚的，应当免予刑事处罚。

8. 对于共同犯罪，应当综合考虑被告人在共同犯罪中的作用，以及是否实施犯罪实行行为等情况确定增减基准刑的幅度。

（1）对于共同犯罪中作用相对较小的主犯，一般可以减少基准刑的20%以下；

（2）对于一般共同犯罪中的从犯，作用相对较小，未实施犯罪实行行为的，可以减少基准刑的30%～50%；参与实施少量或部分犯罪实行行为的，可以减少基准刑的20%～40%；作用相对较大的，未实施犯罪实行行为的，可以减少基准刑20%～30%；参与实施犯罪实行行为的，可以减少基准刑的20%以下；对于犯罪较轻的，可以减少基准刑的50%以上或者免除处罚；

（3）对于犯罪集团中的从犯，作用相对较小的，可以减少基准刑的10%～20%；作用相对较大的，可以减少基准刑的10%以下；

（4）同一案件中有数个从犯的，可依其作用大小，确定不同的等次，比照本条规定分别量刑，每等次相差幅度不超过10%；

（5）共同犯罪未区分主从犯的，对各被告人可依其作用相对大小，确定不同的等次，比照本条规定分别量刑，每等次相差幅度不超过10%；

（6）教唆不满18周岁的人犯罪，所犯罪行较轻或者未造成严重损害的，可以增加基准刑的10%～30%；所犯罪行较重或者造成严重损害的，可以增加基准刑的20%～40%；

（7）对于胁从犯，可以根据犯罪性质、被胁迫的程度、实行犯罪中的作用等情况，减少基准刑的40%～60%；作用较小，并具有其他法定从宽处罚情节，不需要判处刑罚的，可以免予刑事处罚。

9. 对于累犯，应当综合考虑前后罪的性质、刑罚执行完毕或赦免以后至再犯罪时间的长短以及前后罪罪行大小等情况，可以增加基准刑的10%～40%。

后罪与前罪属同种罪行，或者比前罪性质严重的，可以在前款基础上再增加基准刑的10%以下，但增加基准刑的最终幅度不得高于40%。

10. 对于自首情节，应当综合考虑投案的动机、时间、方式、罪行轻重以及悔罪表现等情况确定从宽的幅度。

（1）犯罪事实或者犯罪嫌疑人未被司法机关发觉，主动、直接投案构成自首的，可以减少基准刑的20%～40%；

（2）犯罪事实或者犯罪嫌疑人已被司法机关发觉，但犯罪嫌疑人尚未受到调查谈话、讯问、未被宣布采取调查措施或者强制措施时，主动、直接投案构成自首的，可以减少基准刑的10%～30%；

（3）犯罪嫌疑人、被告人如实供述司法机关尚未掌握的罪行，与司法机关已掌握的或判决确定的罪行不同，以自首论的，可以减少基准刑的20%以下；

（4）并非出于被告人主动，而是经亲友规劝、陪同投案，或者亲友送去投案等情形构成自首的：可以减少基准刑的20%以下；

（5）罪行尚未被司法机关发觉，仅因形迹可疑，被有关组织或司法机关盘问、教育后，主动交代自己的罪行构成自首的，以及其他类型的自首，可以减少基准刑的20%以下；

（6）犯罪嫌疑人自动投案并如实供述自己的罪行后又翻供，但在一审判决前又能如实供述的，可以减少基准刑的10%以下；

（7）有以上自首情节且犯罪较轻的，可以减少基准刑的40%以上或者依法免除处罚；

11. 对于立功情节，应当综合考虑立功的大小、次数、内容、来源、效果以及罪行轻重等情况确定从宽的幅度。

（1）一般立功的，可以减少基准刑的10%以下；具有下列情形之一的，可以减少基准刑的10%～20%：

①被检举人可能判处十年以上有期徒刑，经查证属实的；

②揭发多人犯罪，经查证属实的；

③提供侦破多个案件的重要线索，经查证属实的；

④协助司法机关抓捕多名犯罪嫌疑人的；

⑤同时具有揭发他人犯罪、提供侦破其他案件重要线索、协助司法机关抓捕犯罪嫌疑人等多个立功情节，经查证属实的；

（2）重大立功的，基准刑在三年以下，可以减少基准刑的30%～50%；基准刑在三年以上七年以下，可以减少基准刑的20%～40%；基准刑在七年以上十年以下，可以减少基准刑的10%～30%；基准刑在十年以上，可以减少基准刑的20%以下；所犯罪行较轻的，可以减少基准刑的50%～60%。

（3）重大立功线索系犯罪嫌疑人、被告人在被羁押期间从他人处获得的，可适度减少本条规定的从宽幅度。

（二）酌定量刑情节

12. 对于被采取强制措施的犯罪嫌疑人、被告人和已宣判的罪犯，如实供述司法机关尚未掌握的罪行，与司法机关掌握的或者判决确定的罪行属同种罪行的，根据坦白罪行的轻重以及悔罪程度等情况确定从宽的幅度。

（1）坦白司法机关尚未掌握的较重同种罪行的，可以减少基准刑的20%以下；

（2）坦白司法机关尚未掌握的较轻同种罪行的，可以减少基准刑的10%以下。

13. 对于当庭自愿认罪的，根据犯罪的性质、罪行的轻重以及悔罪表现等情况确定从宽的幅度，可以减少基准刑的10%以下，依法认定自首、坦白的除外。

14. 对于退赃、退赔的，综合考虑犯罪性质，退赃、退赔行为对损害结果所能弥补的程度，退赃、退赔数额及主动程度等情况确定从宽的幅度。

（1）盗窃等单纯侵财型案件，全部退赃、退赔的，可以减少基准刑的10%～30%；抢劫等暴力型案件，全部退赃、退赔的，一般可以减少基准刑的20%以下；

（2）部分退赃退赔的，可以按比例减少基准刑；

（3）积极配合办案机关追缴赃款赃物，未造成较大经济损失的可以减少基准刑的10%以下；司法机关依职权追缴赃款、赃物，一般不予从轻；

（4）共同犯罪中，部分被告人退赃、退赔的，仅对退赃、退赔的被告人予以从宽；

（5）主动退赃、退赔的，一般适用从宽幅度的上限；被动退赔的，一般适用从宽幅度的下限；

（6）侵财型案件因个人挥霍等主观原因未能退赃、退赔的，可以增加基准刑10%以下；有退赃、退赔能力而拒不退赃、退赔的，可以增加基准刑的10%以上；

15. 对于被告人积极赔偿被害人经济损失的，综合考虑犯罪性质、赔偿数额等情况确定从宽的幅度。

（1）积极赔偿全部经济损失，基准刑在三年以下的，可以减少基准刑的10%～30%；基准刑在三年以上十年以下的，可以减少基准刑的20%以下；基准刑在十年以上的，可以减少基准刑的10%以下；

（2）积极赔偿部分经济损失的，可以按比例减少基准刑；

（3）被告人经济能力有限，但能多方筹款、借款积极赔偿被害人经济损失的，可在相应幅度内靠近上限从轻；

（4）有能力赔偿而拒不赔偿的，可以增加基准刑的10%～30%。

16. 对于取得被害人或被害人家属谅解的，综合考虑犯罪的性质、罪行轻重、谅解的原因以及认罪悔罪的程度等情况确定从宽幅度，犯罪较轻的，可以减少基准刑的20%以下，犯罪较重的，可以减少基准刑的10%以下。

17. 对于被害人有过错或对矛盾激化负有责任的，综合考虑案发的原因、被害人过错的程度或责任的大小等情况确定从宽的幅度。

（1）被害人有明显过错或者对矛盾激化负有直接责任的，可以减少基准刑的15%～30%；

（2）被害人有一般过错或者对矛盾激化负有一定责任的，可以减少基准刑的15%以下。

18. 对于犯罪时年满70周岁的被告人，根据犯罪性质、情节和社会危害程度等情况，可以减少基准刑的20%以下；对符合缓刑适用条件的，一般应当宣告缓刑。

19. 对于有前科劣迹的，综合考虑前科劣迹的性质、次数、时间间隔长短、处罚轻重等情况，可以增加基准刑的10%以下。

20. 对于故意利用精神病人、未成年人、残疾人等特殊群体犯罪的，可以增加基准刑的10%～20%；

21. 对于黑社会性质组织犯罪、恶势力犯罪的，根据案件的具体情况，可以增加基准刑的20%以下；基准刑在十年以上有期徒刑的，可以增加基准刑的10%以下。

22. 对于犯罪对象为老人、未成年人、残疾人、孕妇等弱势人员的，综合考虑犯罪的性质、犯罪的严重程度等情况，确定从重的幅度。

（1）暴力型犯罪的，可以增加基准刑的10%～20%；

（2）非暴力型犯罪的，可以增加基准刑的10%以下。

23. 对于在重大自然灾害、预防、控制突发传染病疫情等灾害期间犯罪的，根据案件的具体情况，确定从重的幅度。

（1）在自然灾害、突发事件期间犯罪的，可以增加基准刑的10%～20%；

（2）以救灾款物等为犯罪对象的，适用前款规定幅度的上限。

四、常见罪名的量刑

（一）交通肇事罪

1. 具有《最高人民法院关于审理交通肇事刑事案件具体应用法律若干

问题的解释》（以下简称《解释》）规定的下列情形之一，依法应当在三年有期徒刑以下确定量刑起点和基准刑：

（1）死亡一人，负事故全部责任，量刑起点为二年有期徒刑；负主要责任的，量刑起点为一年六个月有期徒刑；重伤三人，负事故全部责任，量刑起点为一年六个月至二年有期徒刑；负主要责任的，量刑起点为一年至一年六个月有期徒刑。

（2）重伤四人，负事故全部责任的，量刑起点为二年至二年六个月有期徒刑；负主要责任的，量刑起点为一年六个月至二年有期徒刑。

（3）死亡三人，负事故同等责任的，量刑起点为二年有期徒刑。死亡人数每增加一人，可增加六个月刑期确定基准刑。

（4）造成公共财产或者他人财产直接损失，负事故主要或者全部责任，无能力赔偿数额在30万元的，量刑起点为一年有期徒刑。无能力赔偿数额每增加1万元，可增加一个月刑期确定基准刑。

（5）重伤一人，负事故全部责任，并具有《解释》第二条第二款第（一）至（五）项规定的情形之一的，量刑起点为一年至一年六个月有期徒刑；负主要责任的，量刑起点为六个月至一年有期徒刑。

（6）每增加《解释》第二条第二款第（一）至（五）项规定的情形之一的，可增加三个月刑期确定基准刑；轻伤人数每增加一人可增加一个月至三个月刑期确定基准刑；重伤人数每增加一人，可增加三个月至六个月刑期确定基准刑。

2. 具有《解释》规定的下列情形之一，依法应当在三年以上七年以下有期徒刑内确定量刑起点和基准刑：

（1）交通运输肇事造成死亡一人或者重伤三人，负事故全部或者主要责任，又逃逸的；或者死亡三人，负事故同等责任，又逃逸的，或者造成公共财产或者他人财产直接损失，负事故主要或者全部责任，无能力赔偿数额在30万元，又逃逸的；或者造成重伤一人，负事故全部或者主要责任，并具有《解释》中第二条第二款第（一）至（五）项规定的情形之一，又逃逸的，量刑起点为四年有期徒刑。

（2）死亡二人，负事故全部责任的，量刑起点为有期徒刑四年；负主要责任的，量刑起点为有期徒刑三年六个月。死亡人数每增加一人，可增加六个月刑期确定基准刑。

（3）重伤五人，负事故全部责任的，量刑起点为三年六个月四年有期徒刑；负主要责任的，量刑起点为三年至三年六个月有期徒刑。轻伤人数每增加一人，可增加一个月至三个月刑期确定基准刑；重伤人数每增加一人，可增加三个月至六个月刑期确定基准刑。

（4）死亡六人，负事故同等责任的，量刑起点为四年六个月有期徒刑。死亡人数每增加一人，可增加三个月刑期确定基准刑。

（5）造成公共财产或者他人财产直接损失，负事故全部或者主要责任，无能力赔偿数额在60万元的，量刑起点为三年六个月有期徒刑。无能力赔偿数额增每增加2万元的，可增加三个月刑期确定基准刑。

（6）有上述第（2）至（5）种情形之一，又具有逃逸情节的，可增加一年刑期确定基准刑；具有《解释》中第二条第二款第（一）至（五）项规定的情形之一的，可增力口三个月刑期确定基准刑。

3. 犯交通肇事罪，因逃逸致一人死亡的，量刑起点为八年有期徒刑。每增加一人死亡，可增加一年至二年刑期确定基准刑；

每增加一人重伤，可增加六个月至一年刑期确定基准刑。

4. 对于被告人积极赔偿被害人经济损失的，应当综合考虑被告人交通肇事犯罪情节、伤亡人数、违章的原因及严重程度、赔偿数额以及被害人谅解程度等情况确定从宽幅度。

5. 有下列情形之一的，一般不适用缓刑：

（1）交通肇事后逃逸，未主动投案的：

（2）不积极主动赔偿或者未尽力赔偿被害方经济损失的；

（3）醉酒驾车（即行为人血液酒精浓度超过0.8mg/m1）致使发生重大交通事故的；

（4）多次违反交通运输管理法规被行政拘留；或者曾因交通肇事犯罪被刑事处罚的。

（二）故意伤害罪

1. 构成故意伤害犯罪的，按下列不同情形在相应的幅度内确定量刑起点：

（1）故意伤害他人身体，致一人轻伤，量刑起点为有期徒刑一年。

（2）故意伤害他人身体致人重伤造成严重残疾的，量刑起点为有期徒刑四年。

（3）以特别残忍手段致人重伤，量刑起点为有期徒刑十一年。

（4）故意伤害致人死亡，情节较轻的，量刑起点为有期徒刑十五年，可能适用无期徒刑以上刑罚的除外。

2. 在量刑起点的基础上，可以根据伤亡后果、伤残等级、手段的残忍程度等犯罪事实增加刑罚量，确定基准刑。有下列情形之一的，可在以其中最重伤情的基础上确定量刑起点后，相应地增加刑罚量确定基准刑。

（1）增加被害人轻微伤一人或一处的，刑期增加一个月至二个月；

（2）增加被害人轻伤一人或一处的，刑期增加三个月至六个月；

（3）增加被害人重伤一人或一处的：刑期增加一年至二年；

3. 有下列情节之一的，增加基准刑的20%以下；若基准刑在十年有期徒刑以上的，增加基准刑的10%以下：

（1）持枪支、管制刀具或者其他凶器伤害他人的；

（2）因实施其他违法犯罪活动而故意伤害他人身体的；

（3）伤害他人身体要害部位；

（4）事先有预谋的；

（5）雇佣他人实施伤害行为的。

4. 有下列情节之一的，减少基准刑的20%以下；若基准刑在十年有期徒刑以上的，减少基准刑的10%以下：

（1）因婚姻家庭、邻里纠纷等民间矛盾激化引发的；

（2）因被害人对引发犯罪有过错或对矛盾激化引发犯罪负有责任的；

（3）犯罪后积极抢救被害人的。

5. 存在下列情形之一的，一般不适用缓刑：

（1）不积极主动赔偿或者未尽力赔偿被害方经济损失的；

（2）持具有杀伤性凶器伤害他人身体致人重伤的；

（3）致二人以上重伤或者多人轻伤的。

（三）强奸罪

1. 强奸妇女一人，量刑起点为有期徒刑四年。奸淫未满14周岁幼女的，量刑起点为有期徒刑七年；

2. 强奸妇女三人以上的，基准刑为有期徒刑十一年。奸淫幼女三人以上的，基准刑为有期徒刑十三年；

3. 轮奸妇女的，量刑起点为有期徒刑十一年；

4. 在公共场所当众强奸妇女或造成被害人重伤、精神失常的，量刑起点为有期徒刑十二年；造成被害人自杀的，量刑起点为有期徒刑十四年；

5. 在量刑起点的基础上，可以根据强奸人数、次数、致人伤亡后果等犯罪事实，在法定刑幅度内增加相应刑罚量，确定基准刑。

6. 有以下情节之一的，可增加基准刑的20%以下：

（1）强奸怀孕的妇女或已满14周岁不满18周岁的少女；

（2）强奸残疾妇女、无性防卫能力的妇女及老年妇女的；

（3）利用教养、监护、职务、亲属关系强奸的。

（四）非法拘禁罪

1. 非法拘禁一人，犯罪情节一般的，未造成伤害后果的，量刑起点为有期徒刑六个月。

2. 非法拘禁致一人重伤，犯罪情节一般的，量刑起点为有期徒刑三年六个月。

3. 非法拘禁致一人死亡的，量刑起点为有期徒刑十一年。

4. 在量刑起点的基础上，可以根据非法拘禁人数、次数、拘禁时间、致人伤亡后果等犯罪事实增加刑罚量，确定基准刑。有下列情形之一的，可增力口相应刑期确定基准刑：

（1）被害人每增加一人，可增加三个月刑期确定基准刑；

（2）每增加一人轻微伤，可增加一个月至三个月刑期确定基准刑；

（3）每增加一人轻伤，可增加三个月至六个月刑期确定基准刑；

（4）每增加一人重伤，可增加六个月至一年刑期确定基准刑；

（5）每增加一人死亡的，可增加一年至二年刑期确定基准刑；

（6）犯罪手段特别恶劣或者后果特别严重的，可增加一年至二年刑期确定基准刑。

5. 有下列情形的，可以增加基准刑的20%以下：

（1）具有殴打、侮辱情节的；

（2）国家机关工作人员利用职权非法拘禁他人的；

6. 为索取合法债务，争取合法权益而非法扣押、拘禁他人的，可以减少基准刑的30%以下。

（五）抢劫罪

1. 抢劫一次，犯罪情节和后果一般的，量刑起点为有期徒刑四年。

2. 入户抢劫的；在公共交通工具上抢劫的；抢劫银行或者其他金融机构的；抢劫三次或者抢劫数额达到数额巨大起点的；抢劫致一人重伤，没有造成残疾的；冒充军警人员抢劫的；持枪抢劫的；抢劫军用物资或者抢险、救灾、救济物资的，量刑起点为有期徒刑十一年。

3. 在量刑起点的基础上，可以根据抢劫致人伤亡的后果、次数、数额、手段等犯罪事实增加刑罚量，确定基准刑。有下列情形之一的，可增加相应刑期确定基准刑：

（1）每增加一人轻微伤，，可以增加三个月至六个月刑期；

（2）每增加一人轻伤，可以增加六个月至九个月刑期；

（3）每增加一人重伤，可以增加九个月至一年刑期；构成残疾的，每增加一级，再增加三个月刑期；

（4）每增加一次抢劫，可以增加二年至三年刑期；

（5）犯罪数额每增加200元的，增加一个月刑期；量刑起点在十年以上有期徒刑的，犯罪数额每增加1000元，可增加一个月刑期；

（6）每增加本罪名第二条情节之一的，可增加二年刑期。

4. 有下列情节之一的，增加基准刑的10%～20%；若基准刑在十年有期徒刑以上，则增力口基准刑的10%以下：

（1）使用管制刀具等危险性工具抢劫的；

（2）抢劫后为便于逃脱而使他人身体受到强制的；

（3）预谋抢劫、流窜作案或者结伙抢劫的。

5. 有下列情节之一的，可以减少基准刑的10%～20%；若基准刑在十年有期徒刑以上，则减少基准刑的10%以下：

（1）抢劫家庭成员或者近亲属财物的；

（2）转化型抢劫，仅以暴力或语言相威胁的。

（六）盗窃罪

1. 根据盗窃数额，在下列犯罪数额对应的刑罚幅度内确定量刑起点和基准刑：

（1）盗窃数额在1000元以上不满2000元的，量刑起点为拘役三个月；

（2）盗窃数额达2000元的，量刑起点为有期徒刑六个月，数额每增加300元，可增加一个月刑期；

（3）盗窃数额达1万元的，量刑起点为有期徒刑三年六个月；

数额每增加600元，可增加一个月刑期；

（4）盗窃数额达6万元的，量刑起点为有期徒刑十年；数额每增加5000元，可增加一个月刑期；

（5）盗窃数额达800元，并具有下列情形之一，需追究刑事责任的，量刑起点为有期徒刑六个月，每增力口情节之一的，增加刑期六个月：

①以破坏性手段盗窃造成公私财产损失的；

②盗窃残疾人、孤寡老人或者丧失劳动能力人员财物的；

③造成严重后果或者具有其他恶劣情节的。

（6）盗窃数额达8000元，并具有《最高人民法院关于审理盗窃案件具体应用法律若干问题的解释》第六条第（三）项规定情形之一的，量刑起点为有期徒刑三年，数额每增加500元，增加刑期一个月；

（7）盗窃数额达48000元，并具有《最高人民法院关于审理盗窃案件具体应用法律若干问题的解释》第六条第（三）项规定情形之一的，量刑起点为有期徒刑十年，数额每增加4500元，增加刑期一个月。

2. 有下列情节之一的（接近数额较大、盗窃数额达到数额较大或巨大，因具有下述相关情形而被追究刑事责任或以其他严重情节、其他特别严重情节配置刑罚的除外），可以增加基准刑的10%～20%：

（1）入户盗窃的；

（2）采取破坏性手段盗窃造成公私财产损失的；

（3）盗窃残疾人、孤寡老人或者丧失劳动能力人财物的；

（4）流窜盗窃作案的；

（5）盗窃救灾、抢险、防汛、优抚、扶贫、移民、救济、医疗款物，未造成严重危害后果的；

（6）盗窃生产资料，未严重影响生产的。

3. 有下列情节之一的，可适当减少基准刑：

（1）确因生活、治病急需而盗窃的，可以减少基准刑的30%以下；

（2）在案发前自动将赃物放回原处或归还被害人的，可以减少基准刑的30%～50%；将部分赃物放回原处或归还被害人的，可以按比例减少刑期；

（3）盗窃自家或者近亲属的财物，一般可不按犯罪处理；对确有追究刑事责任必要的，可以根据家属、近亲属的谅解程度，减少基准刑的50%以下。

（七）诈骗罪

1. 根据诈骗数额，在下列犯罪数额对应的刑罚幅度内确定量刑起点和基准刑：

（1）诈骗数额3000元以上不足5000元的，量刑起点为拘役三个月；

（2）诈骗数额达5000元的，量刑起点为有期徒刑六个月，数额每增加1000元，增加刑期一个月；

（3）诈骗数额达4万元的：量刑起点为有期徒刑三年，每增加2000元，增加刑期一个月；

（4）诈骗数额达20万元的，量刑起点为有期徒刑十年，数额每增加5000元，增加刑期一个月；

（5）诈骗数额达10万元，又具有诈骗集团的首要分子或者共同诈骗犯罪中情节严重的主犯；惯犯或者流窜作案，危害严重的；诈骗法人、其他组织或者个人急需的生产资料，严重影响生产或者造成其他严重损失的；诈骗救灾、抢险、防汛、优抚、救济、医疗等款物，造成严重后果的；挥霍诈骗的财物，致使诈骗的财物无法返还的；使用诈骗的财物进行违法犯罪活动的；导致被害人死亡、精神失常或者其他严重后果等情形之一，认定为情节特别严重的，量刑起点为有期徒刑十年，数额每增加4500元，增加刑期一个月。

2. 有下列情形之一的《诈骗数额达10万元，因具有下述相关情形被认定为情节特别严重的除外），可增加基准刑的20%～30%：

（1）诈骗集团的首要分子或者共同诈骗犯罪中情节严重的主犯；

（2）惯犯或者流窜作案，危害严重的；

（3）诈骗法人、其他组织或者个人急需的生产资料，严重影响生产或者造成其他严重损失的；

（4）诈骗救灾、抢险、防汛、优抚、救济、医疗等款物，造成严重后果的；

（5）挥霍诈骗的财物，致使诈骗的财物无法返还的；

（6）使用诈骗的财物进行违法犯罪活动的；

（7）导致被害人死亡、精神失常或者其他严重后果的；

（8）被告人曾因犯罪被判刑或因诈骗被行政处罚的。

3. 有下列情形的，可适当减少基准刑的50%以下：

（1）在案发前自动将赃物归还被害人的；

（2）诈骗自家或近亲属财物的。

（八）抢夺罪

1. 根据抢夺犯罪涉案数额，在下列犯罪数额对应的刑罚幅度内确定量刑起点和基准刑：

（1）抢夺数额达1000以上不满2000元的，基准刑为拘役三个月；

（2）抢夺数额达2000元的，量刑起点为有期徒刑六个月，数额每增加280元，增加一个月刑期确定基准刑；

（3）抢夺数额达1万元的，量刑起点有期徒刑三年；每增加600元的，增加一个月刑期确定基准刑；

（4）抢夺数额达5万元的，量刑起点有期徒刑十年；每增加4000元的，增加一个月刑期确定基准刑。

2. 具有《最高人民法院关于审理抢夺刑事案件具体应用法律若干问题的解释》第二条规定情形之一的，分别在下列幅度内确定基准刑：

（1）抢夺数额达到8000元的，并具有上述情形之一的，量刑起点为有期徒刑三年：

①每增加一次以上情节的抢夺，增加一年刑期确定基准刑；

②每增加400元，增加一个月刑期确定基准刑；

③每增加一次非以上情节的抢夺，增加三个月刑期确定基准刑。

（2）抢夺数额达4万元，并具有上述情形之一的，量刑起点有期徒刑十一年：

①每增加一次以上情节的抢夺，增加一年刑期确定基准刑；

②每增加4000元，增加一个月刑期确定基准刑；

③每增加一次非以上情节的抢夺，增加三个月刑期确定基准刑。

3. 有下列情形之一的，可增加基准刑的10%～20%：

（1）抢夺救灾、抢险、防汛、优抚、扶贫、移民、救济、医疗等款物的；

（2）一年内抢夺三次以上的；

（3）驾驶机动车辆实施抢夺的。

（九）职务侵占罪

1. 构成职务侵占罪的，按下述职务侵占数额对应的刑罚幅度确定量刑起点和基准刑：

（1）职务侵占数额1万元以上不满2万元的，量刑起点为拘役三个月；

（2）职务侵占数额达2万元的，量刑起点为有期徒刑六个月，数额每增加1500元，增加一个月刑期；

（3）职务侵占数额达10万元的，量刑起点为有期徒刑五年。

2. 有下列情节之一的，可增加基准刑的10%～30%：

（1）侵占用于预防、控制突发传染病疫情等灾害的款物的；

（2）侵占救灾、抢险、防汛、优抚、扶贫、移民、救济、医疗款物，造成严重后果的；

（3）侵占法人、企业或其他组织急需要的生产资料，严重影响生产的。

（十）敲诈勒索罪

1. 构成敲诈勒索罪的，按下述敲诈勒索数额对应的刑罚幅度确定量刑起点和基准刑：

（1）敲诈勒索数额3000以上不满5000元，量刑起点为拘役三个月；

（2）敲诈勒索数额5000元以上，量刑起点为有期徒刑六个月，数额每增加500元，增加一个月刑期确定基准刑；

（3）敲诈勒索数额2万元的，量刑起点为有期徒刑三年，数额每增加4000元，增加一个月刑期确定基准刑；

（4）构成敲诈勒索罪，每增加一人轻微伤，增加二个月刑期。

2. 有下列情节之一的，可增加基准刑的10%～30%：

（1）以非法手段获取他人隐私勒索他人财物的；

（2）以危险方法制造事端进行敲诈勒索的；

（3）一年以内三次以上敲诈勒索的；

（4）冒充国家机关工作人员敲诈勒索的；

（5）手段恶劣，造成被害人精神失常或其他严重后果的。

（十一）妨害公务罪

1. 妨害公务犯罪情节一般，造成的社会影响较小，未造成轻微伤以上后果的，量刑起点为拘役四个月。妨害公务犯罪造成较大的社会影响或者严重后果的，量刑起点为有期徒刑一年。

2. 在量刑起点的基础上，可以根据妨害公务造成的后果等犯罪事实增加刑罚量，确定基准刑。

（1）每增加轻微伤一人，可增加一个月至三个月刑期确定基准刑；

（2）每增加轻伤一人，可增加三个月至六个月刑期确定基准刑。

3. 具有下列情形之一的，可增加基准刑20%以下：

（1）严重扰乱公共秩序的；

（2）造成财产损失数额较大的；

（3）煽动群众阻碍依法执行公务、履行职责的。

4. 公务人员执行公务行为不规范的，可减少基准刑10%～20%。

（十二）聚众斗殴罪

1. 聚众斗殴一次，犯罪情节一般的，量刑起点为有期徒刑一年。

2. 聚众斗殴一次，导致一人轻微伤的或社会影响较大的，量刑起点为有期徒刑一年六个月。每增加轻微伤一人的，可以增加一个月至三个月确定基准刑；每增加轻伤一人或聚众斗殴一次的，可以增加三个月至六个月确定基准刑。

3. 具有下列情形之一的，量刑起点为有期徒刑三年六个月：

（1）多次聚众斗殴的；

（2）聚众斗殴人数多：规模大、社会影响恶劣的；

（3）在公共场所或者交通要道聚众斗殴，造成社会秩序混乱的；

（4）持械聚众斗殴的。

每增加上述一项情形或同种情形一次的，可以增加六个月确定基准刑。每增加轻微伤一人的，可以增加一个月至三个月确定基准刑；每增加轻伤一人或聚众斗殴一次的，可以增加三个月至六个月确定基准刑。

4. 有下列情节之一的，可增加基准刑的20%以下：

(1) 聚众斗殴一方10人以上的首要分子；

(2) 聚众斗殴致公私财物损毁直接经济损失数额较大、巨大的首要分子和积极参加者；

(3) 参与斗殴一方没有互殴故意，对有斗殴故意另一方的首要分子和积极参加者；

(4) 组织未成年人聚众斗殴的。

5. 参与斗殴的一方在斗殴开始前没有互殴故意，在斗殴的发展过程中产生斗殴故意的，可对首要分子和积极参加者减少基准刑的20%以下。

(十三) 寻衅滋事罪

1. 有下列寻衅滋事行为之一，构成寻衅滋事犯罪的，量刑起点为有期徒刑六个月：

(1) 随意殴打他人，追逐、拦截、辱骂他人；

(2) 强拿硬要或者任意损毁、占用公私财物数额达2000元以上；

(3) 在公共场所起哄闹事、破坏社会秩序的。

2. 可根据寻衅滋事人数、次数、伤害后果、强拿硬要他人财物或任意损毁、占用公私财物数额等犯罪事实增加相应的刑罚量确定基准刑：

(1) 每增加被害人一人，可增加一个月至二个月刑期；

(2) 每增加一人轻微伤，可增加二个月至三个月刑期；

(3) 每增加一人轻伤，可增加四个月至六个月刑期；

(4) 每增加寻衅滋事一次，可增加六个月至九个月刑期；

(5) 强拿硬要他人财物或者任意损毁、占用公私财物价值每增加500元，可增加刑期一个月。

(十四) 掩饰、隐瞒犯罪所得罪

1. 构成掩饰、隐瞒犯罪所得、犯罪所得收益罪的，可根据下列不同情形确定量刑起点：

(1) 掩饰、隐瞒犯罪所得、犯罪所得收益数额5000元或者多次掩饰、隐瞒犯罪所得、犯罪所得收益，累计数额3000元，可在拘役三个月至六个月有期徒刑幅度内确定量刑起点；

(2) 涉及盗窃、抢劫、诈骗、抢夺财物价值50万元以上的；掩饰、隐瞒犯罪所得、犯罪所得收益10次以上或者有其他严重情节的，可在三年至四年有期徒刑幅度内确定量刑起点。

2. 在确定量刑起点的基础上，可根据犯罪数额、次数、手段等犯罪事实增加刑罚量，确定基准刑：

(1) 每增加一次犯罪，可以增加在三个月至六个月刑期；

（2）情节一般的，每增加15000元，可以增加一个月刑期；

（3）情节严重的，每增加10万元，可以增加一个月刑期。

3. 以掩饰、隐瞒犯罪所得、犯罪所得收益为业的，可增加基准刑10%~30%。

（十五）毒品犯罪

1. 走私、贩卖、运输、制造毒品犯罪，可在下列相应的幅度内确定量刑起点：

（1）具有刑法第三百四十七条第二款五种情形之一（即：走私、贩卖、运输、制造鸦片1000克以上、海洛因或者甲基苯丙胺50克以上或者其他毒品数量达到数量大起点的；走私、贩卖、运输、制造毒品集团的首要分子；武装掩护走私、贩卖、运输、制造毒品的；以暴力抗拒检查、拘留、逮捕，情节严重的；参与有组织的国际贩毒活动的），量刑起点为有期徒刑十五年。依法应当判处无期徒刑以上刑罚的除外。

（2）走私、贩卖、运输、制造鸦片200克以上不满1000克、海洛因或者甲基苯丙胺10克以上不满50克或者其他毒品数量达到数量较大起点的，量刑起点为有期徒刑七年。

（3）走私、贩卖、运输、制造鸦片140克，海洛因、甲基苯丙胺7克或者其他相当数量毒品；国家工作人员走私、制造、运输、贩卖毒品；在戒毒监管场所贩卖毒品的；向多人贩毒或者多次贩毒等其他情节严重的行为，量刑起点为有期徒刑三年。

（4）走私、贩卖、运输、制造鸦片40克，海洛因、甲基苯丙胺2克或者其他相当数量毒品的：量刑起点为有期徒刑六个月。

2. 走私、贩卖、运输、制造毒品超过或者少于上述各档次数量标准的，可按照下列标准相应地增加或减少刑期确定基准刑：

（1）海洛因、甲基苯丙胺10克以上不满50克的，每增加5克增加，九个月刑期；7克以上不满10克的，每增加1克增加一年刑期；2克以上不满7克的，每增加1克增加六个月刑期；2克以下的，每减少1克减少三个月刑期。

（2）鸦片200克以上不满1000克的，每增加100克增加九个月刑期；140克以上不满200克的，每增加20克增加一年刑期；40克以上不满140克的，每增加20克增加六个月刑期；40克以下的，每减少20克减少三个月刑期。

3. 走私、贩卖、运输、制造本条规定之外其他毒品犯罪的量刑起点和基准刑，可按照《最高人民法院关于审理毒品案件定罪量刑标准有关问题的解释》的规定予以换算后确定。

4. 有下列情形之一的，可以增加基准刑的10%～30%：

（1）组织、利用、教唆未成年人、孕妇、哺乳期妇女、患有严重疾病人员及其他特殊人群走私、贩卖、运输、制造毒品，或者向未成年人出售毒品的；

（2）毒品再犯的。

5. 有下列情形之一的，可以减少基准刑的30%以下：

（1）受雇运输毒品的；

（2）存在数量引诱情形的。

五、附则

1. 本细则适用于判处有期徒刑以下的案件。

2. 本细则所称以上、以下，均包括本数。

3. 各中院、基层法院对本实施细则尚未规定的其他情节，需要在量刑时予以考虑的，经所在法院审判委员会讨论，确定适当的调节比例后，报省法院备案。

4. 本细则自发布之日起试行。

湖北省高级人民法院《人民法院量刑指导意见（试行）》实施细则

（2010年8月30日）

为进一步规范刑罚裁量权，贯彻落实宽严相济的刑事政策，增强量刑的公开性，实现量刑均衡，维护司法公正，根据刑法和相关司法解释以及最高人民法院制定的《人民法院量刑指导意见（试行）》，结合我省的刑事审判实践，制定本实施细则。

一、量刑的指导原则

1. 量刑应当以事实为依据，以法律为准绳，根据犯罪的事实、性质、情节和对社会的危害程度，依法决定判处的刑罚。

2. 量刑既要考虑被告人所犯罪行的轻重，又要考虑被告人应负刑事责任的大小，做到罪责刑相适应，实现惩罚与预防犯罪的目的。

3. 量刑应当贯彻宽严相济的刑事政策，做到该宽则宽，当严则严，宽严相济，罚当其罪，确保裁判法律效果与社会效果的统一。

4. 量刑要客观、全面地把握不同时期不同地区的经济社会发展状况和治安形势的变化，确保刑法任务的实现；对于同一地区同一时期，案情相近或相似的案件，所判处的刑罚应当基本均衡。

二、量刑的基本方法

1. 量刑步骤

（1）根据基本犯罪构成事实，在相应的法定刑幅度内确定量刑起点；

（2）根据基本犯罪构成事实以外的犯罪数额、犯罪次数、犯罪后果等犯罪事实，在量刑起点的基础上增加刑罚量确定基准刑；基准刑超出法定刑幅度的，除法定最高刑为无期徒刑以上刑罚的以外，以法定最高刑为基准刑；

（3）根据犯罪事实以外的量刑情节，确定量刑情节的调节比例，对基准刑进行调节，从而确定拟宣告刑；

（4）综合把握全案情况依法确定宣告刑。

2. 量刑情节调节基准刑的方法

（1）只有单个量刑情节的，在确定量刑情节的调节比例后，直接对基准刑进行调节，确定拟宣告刑。

（2）具有多种量刑情节的，在确定各量刑情节的调节比例后，对于不具有本条第（3）项规定的量刑情节的，采用同向相加、逆向相减的方法确定全部量刑情节的调节比例，对基准刑进行调节后即为拟宣告刑。

（3）对于具有刑法总则规定的防卫过当、避险过当、犯罪预备、犯罪未遂、犯罪中止、从犯、胁从犯、教唆犯、未成年人犯罪、老年人犯罪、限制行为能力的精神病人犯罪、又聋又哑的人或者盲人犯罪等量刑情节，以及刑法分则将国家工作人员等特殊犯罪主体作为量刑情节的，可以依照第（2）项的方法，按照下列层级依次对基准刑进行调节从而确定拟宣告刑：防卫过当、避险过当、犯罪预备、犯罪未遂、犯罪中止；从犯、胁从犯、教唆犯等涉及地位、作用的情节；未成年人犯罪、老年人犯罪、限制行为能力的精神病人犯罪、又聋又哑的人或者盲人犯罪以及刑法分则规定的国家工作人员等特殊犯罪主体情节；其他量刑情节。

（4）被告人犯数罪，同时具有适用于各个罪的量刑情节的，先用各个量刑情节调节个罪的基准刑，确定个罪应当判处的刑罚，再实行数罪并罚，合并决定执行的刑罚。

（5）对于同一事实涉及不同量刑情节时，不得重复评价。

3. 确定宣告刑的方法

（1）拟宣告刑在法定刑幅度内，且罪责刑相适应的，可以直接确定为宣告刑；如果具有应当减轻处罚情节的，依法在法定最低刑以下确定宣告刑。

（2）拟宣告刑在法定最低刑以下，具有减轻处罚情节，且罪责刑相适应的，可以直接确定为宣告刑；只有从轻处罚情节的，可以确定法定最低刑为宣告刑。

（3）拟宣告刑超出法定刑幅度的，可以法定最高刑为宣告刑。

（4）被告人犯数罪，总和刑期不满五年的，减少的刑期不得超过一年；总和刑期满五年不满十年的，减少的刑期不得超过二年；总和刑期满十年不满十五年的，减少的刑期不得超过三年；总和刑期满十五年不满二十年的，减少的刑期不得超过四年；总和刑期满二十年不满二十五年的，减少的刑期不得超过五年；总和刑期在二十五年以上的，可以决定执行有期徒刑二十年。

（5）根据案件的具体情况，独任审判员或合议庭可以在10%的幅度内对拟宣告刑进行上下调整，调整后的拟宣告刑仍然与罪责不相适应的，依法提交审判委员会讨论。

（6）综合全案犯罪事实和量刑情节，依法应当判处拘役、管制或者单处附加刑，或者无期徒刑以上刑罚的，应当依法适用。

（7）宣告刑为三年以下有期徒刑、拘役并符合缓刑适用条件的，可以依法宣告缓刑；犯罪情节轻微，不需要判处刑罚的，可以免予刑事处罚。

（8）拟宣告刑和宣告刑均以月为单位计算，不足一个月的，按四舍五入的方法取整数。拟宣告刑为十年以上有期徒刑的，在确定宣告刑时，可以三个月为单位计算，不足或超过三个月的，按四舍五入的方法取舍。

三、常用量刑情节的适用

量刑时要充分考虑各种法定和酌定量刑情节，根据案件的全部犯罪事实以及量刑情节的不同情形，结合最高人民法院《关于贯彻宽严相济刑事政策的若干意见》，依法确定量刑情节的适用。对以下常见量刑情节，可以在相应的幅度内确定具体调节比例。

1. 对于未成年人犯，应当综合考虑未成年人对犯罪的认识能力、实施犯罪行为的动机和目的、犯罪时的年龄、是否初犯、悔罪表现、个人成长经历和一贯表现等情况，予以从宽处罚。

（1）已满14周岁不满15周岁的未成年人犯，应当减少基准刑的40%~60%；

（2）已满15周岁不满16周岁的未成年人犯，应当减少基准刑的30%~50%；

（3）已满16周岁不满17周岁的未成年人犯，应当减少基准刑的20%~50%；

（4）已满17周岁不满18周岁的未成年人犯，应当减少基准刑的10%~40%；

（5）未成年人犯根据其所犯罪行，可能被判处拘役、三年以下有期徒刑，如果悔罪表现好，并具有“系又聋又哑的人或者盲人；防卫过当或者避险过当；犯罪预备、中止或者未遂；共同犯罪中从犯、胁从犯；犯罪后自首或者有立功表现；其他犯罪情节轻微不需要判处刑罚”情形之一的，应当依照刑法第三十七条的规定免除处罚；

（6）行为人在年满18周岁前后实施了不同种犯罪行为，对其年满18周岁以前实施的犯罪应当依照本条第（1）至（5）项的规定确定从宽的幅度；行为人在年满18周岁前后实施了同种犯罪行为，在量刑时应当根据案件的具体情况确定适当的从宽比例。

2. 对于年满65周岁及以上的老年人犯，综合考虑老年人实施犯罪行为的动机和目的、犯罪时的年龄、情节、后果以及悔罪表现等，并结合其人身危险性和再犯可能性等情况，确定从宽的比例。

（1）已满65周岁不满75周岁的老年人犯，可以减少基准刑的20%以下；

（2）已满75周岁及以上的老年人犯，可以减少基准刑的30%以下。

3. 对于又聋又哑、盲人犯，综合考虑实施犯罪行为的动机和目的、认知程度、是否初犯、悔罪表现和一贯表现等情况，可以减少基准刑的50%以下；犯罪较轻的，可以减少基准刑的50%以上或者免除处罚。

4. 对于限制刑事责任能力人犯，综合考虑限制刑事责任能力人实施犯罪行为的动机和目的、认知程度、是否初犯、悔罪表现和一贯表现等情况，确定从宽的比例。

（1）限制刑事责任能力人犯病情为重度的，可以减少基准刑的40%以下；

（2）限制刑事责任能力人犯病情为中度的，可以减少基准刑的30%以下；

（3）限制刑事责任能力人犯病情为轻度的，可以减少基准刑的20%以下。

未区分重、中、轻度的，依照第（2）项的规定确定从宽的幅度。

5. 对于防卫过当和避险过当，应当综合考虑犯罪的性质、造成损害的程度等情况，予以减轻或者免除处罚，减少基准刑的50%以上。

6. 对于预备犯，综合考虑犯罪行为的性质、实施程度和危害程度等情况，可以比照既遂犯减少基准刑的60%以上或者免除处罚。

7. 对于未遂犯，综合考虑犯罪行为的实行程度、造成损害的大小、犯罪未得逞的原因等情况，确定从宽的比例。

（1）实施终了的未遂犯，造成损害后果的，可以比照既遂犯减少基准刑的20%以下；未造成损害后果的，可以比照既遂犯减少基准刑的40%以下；

（2）未实施终了的未遂犯，造成损害后果的，可以比照既遂犯减少基准刑的30%以下；未造成损害后果的，可以比照既遂犯减少基准刑的50%以下；

（3）对于同一罪名中，既有犯罪既遂，又有犯罪未遂的，可以根据案件的具体情况确定适当的从宽比例。

8. 对于中止犯，应当综合考虑犯罪行为的性质、中止犯罪的动机和目的、造成损害的程度、阻止危害结果的发生等情况，予以减轻或者免除处罚。

（1）造成较重损害后果的，应当减少基准刑的40%～70%；

（2）造成较轻损害后果的，应当减少基准刑的60%～90%；

（3）没有造成损害的，应当免除处罚。

9. 对于从犯，应当综合考虑其在共同犯罪中的地位、作用，以及是否实施犯罪实行行为等情况，予以从宽处罚，减少基准刑的20%～50%；犯罪较轻的，应当减少基准刑的50%以上或者依法免除处罚。

10. 对于未区分主从犯，但在共同犯罪中作用相对较小的，可以减少基准刑的30%以下。

11. 对于共同犯罪中作用相对较小的主犯，可以减少基准刑的20%以下。

12. 对于胁从犯，应当综合考虑其被胁迫的程度和在共同犯罪中的地位、作用，以及是否实施犯罪实行行为等情况，予以减轻或者免除处罚，减少基准刑的60%以上。

13. 对于教唆犯，综合考虑其在共同犯罪中的地位、作用和被教唆的对象，以及被教唆的人是否实施犯罪实行行为等情况，确定从宽或者从严处罚的比例。

（1）对于在共同犯罪中所起作用较小或属于从犯的一般教唆犯，比照第10条至第12条的规定确定从宽处罚的比例；

（2）被教唆的人未犯被教唆的罪的，可以减少基准刑的50%以下；

（3）教唆不满18周岁的人犯罪的，应当增加基准刑的10%～30%；

（4）教唆限制行为能力人犯罪的，可以增加基准刑的20%以下。

14. 对于自首情节，综合考虑犯罪的事实、性质、情节和对于社会的危害程度，结合自动投案的动机、阶段、客观环境，交代犯罪事实的完整性、稳定性以及悔罪表现等情况，确定从宽的比例。

（1）犯罪事实或犯罪嫌疑人未被办案机关发觉，主动直接投案构成自首的，可以减少基准刑的40%以下；

（2）犯罪事实和犯罪嫌疑人已被办案机关发觉，但尚未受到调查谈话、讯问，或者未被宣布采取调查措施或者强制措施，主动直接投案构成自首的，可以减少基准刑的30%以下；

（3）犯罪嫌疑人、被告人如实供述办案机关尚未掌握的不同种罪行，以自首论的，可以减少基准刑的30%以下；

（4）并非出于被告人主动，而是经亲友规劝、陪同投案，或亲友送去投案等情形构成自首的，可以减少基准刑的30%以下；

（5）罪行尚未被办案机关发觉，仅因形迹可疑被有关组织或办案机关盘问、教育后，主动交代自己的罪行构成自首的，可以减少基准刑的30%以下；

（6）强制戒毒期间主动交代自己的罪行，构成自首的，可以减少基准刑的30%以下；

（7）其他类型的自首，可以减少基准刑的20%以下；

（8）犯罪较轻（指法定刑幅度在三年有期徒刑以下的犯罪）的自首，可以减少基准刑的40%以上或者依法免除处罚。

15. 对于立功情节，综合考虑立功的大小、次数、内容、来源、效果以及罪行轻重等情况，确定从宽的比例。

（1）一般立功的，可以减少基准刑的20%以下：

（2）重大立功的，可以减少基准刑的20%～50%；犯罪较轻的，可以减少基准刑的50%以上或者依法免除处罚；

（3）犯罪后自首又有重大立功表现的，应当减轻或者免除处罚，减少基准刑的50%以上。

16. 对于被采取调查和强制措施的犯罪嫌疑人、被告人和已宣判的罪犯，如实供述办案机关尚未掌握的罪行，与办案机关已掌握的或者判决确定的罪行属同种罪行的，根据坦白罪行的轻重以及悔罪表现等情况，确定从宽的比例。

（1）坦白办案机关尚未掌握的同种较重罪行的，一般应当减少基准刑的20%以下；

（2）坦白办案机关尚未掌握的同种较轻罪行的，可以减少基准刑的10%以下；

（3）揭发同案犯共同犯罪事实的，可以减少基准刑的10%以下；

（4）办案机关掌握的证据不充分，犯罪分子如实交代有助于收集定案证据的，可以减少基准刑的10%以下。

17. 对于当庭自愿认罪的，根据犯罪的性质、罪行的轻重、认罪程度以及悔罪表现等情况，可以减少基准刑的10%以下。依法认定为自首、坦白的除外。

18. 对于被害人有过错或对矛盾激化负有直接责任的，综合考虑犯罪的性质，被害人对法律规范、伦理道德、善良风俗的背离程度，以及促使被告人实施加害行为的关联度等情况，确定从宽的比例。

（1）被害人具有明显过错的，可以减少基准刑的20%以下；

（2）被害人具有一般过错的，可以减少基准刑的10%以下。

19. 对于退赃、退赔的，综合考虑犯罪性质，退赃、退赔行为对损害结果的弥补程度，退赃、退赔的数额及主动程度等情况，确定从宽的比例。

（1）主动全部退赃、退赔的，可以减少基准刑的30%以下；被动全部退赃、退赔的，可以减少基准刑的20%以下；

（2）主动部分退赃、退赔的，可以减少基准刑的20%以下；被动部分退赃、退赔的，可以减少基准刑的10%以下；

（3）积极配合办案机关追缴赃款赃物，未给被害人造成经济损失或者损失较小的，可以减少基准刑10%以下；

（4）刑事案件立案后，犯罪分子及其亲友自行挽回经济损失的，可以减少基准刑的10%以下。

20. 对于积极赔偿被害人经济损失的，综合考虑犯罪性质、赔偿数额、赔偿能力等情况，确定从宽的比例。

（1）积极赔偿被害人全部经济损失的，可以减少基准刑的30%以下；

（2）积极赔偿被害人大部分经济损失的，可以减少基准刑的20%以下；

（3）虽然未能赔偿被害人全部或大部分经济损失，但已穷尽赔偿手段的，可以减少基准刑的20%以下。

21. 对于取得被害人或其家属谅解的，综合考虑犯罪的性质、罪行轻重、谅解的原因以及认罪悔罪的程度等情况，可以减少基准刑的20%以下。但是危害国家安全犯罪、恐怖组织犯罪、邪教组织犯罪、黑社会性质组织犯罪、恶势力犯罪、故意危害公共安全犯罪等严重危害国家政权稳固和社会治安的犯罪，以及极端仇视国家和社会，以不特定人为侵害对象，所犯罪行特别严重的犯罪分子除外。

22. 对于累犯或者毒品再犯，应当综合考虑前后罪的性质、刑罚执行完毕或者赦免以后再犯时间的长短以及前后罪罪行轻重等情况，予以从重处罚。但是增加的刑罚量不得高于五年。

（1）刑罚执行完毕不满一年重新犯罪的，应当增加基准刑的10%～40%；

（2）刑罚执行完毕已满一年不满三年重新犯罪的，应当增加基准刑的10%～30%；

（3）刑罚执行完毕已满三年不满五年重新犯罪的，应当增加基准刑的10%～20%；

（4）刑罚执行完毕不满五年重新犯罪的毒品再犯，应当依照本条第（1）至（3）项的规定确定从重的比例；

（5）刑罚执行完毕满五年后重新犯罪的毒品再犯，应当增加基准刑的10%～20%。

23. 对于有前科劣迹的，综合考虑前科劣迹的性质、时间间隔长短、次数、处罚轻重等情况，可以增加基准刑的10%以下。但是过失犯罪的除外。

24. 对于恶势力犯罪的，根据案件的具体情况，可以增加基准刑的20%以下。

25. 对于犯罪对象为未成年人、老人、残疾人、孕妇、哺乳期妇女、患有严重疾病人员、又聋又哑的人、盲人等弱势人员的，综合考虑犯罪的性质、犯罪的严重程度等情况，可以增加基准刑的20%以下。

26. 对于在重大自然灾害、预防、控制突发传染病疫情等灾害期间犯罪的，根据案件的具体情况，可以增加基准刑的20%以下。

四、十五种常见罪名的量刑

（一）交通肇事犯罪

1. 法定刑在三年以下有期徒刑、拘役幅度的量刑起点和基准刑

死亡一人或重伤三人，负事故主要责任的，可以在六个月至一年六个

月有期徒刑幅度内确定量刑起点；负事故全部责任的，可以在一年至二年有期徒刑幅度内确定量刑起点。

死亡三人，负事故同等责任的，可以在一年至二年有期徒刑幅度内确定量刑起点。

造成公共财产或者他人财产直接损失，无能力赔偿数额达到三十万元，负事故主要责任的，可以在六个月至一年六个月有期徒刑幅度内确定量刑起点；负事故全部责任的，可以在一年至二年有期徒刑幅度内确定量刑起点。

重伤一人，负事故主要责任并且具有最高人民法院《关于审理交通肇事刑事案件具体应用法律若干问题的解释》第二条第二款所规定的六种情形之一（即：酒后、吸食毒品后驾驶机动车辆的；无驾驶资格驾驶机动车辆的；明知是安全装置不全或者安全机件失灵的机动车辆而驾驶的；明知是无牌证或者已报废的机动车辆而驾驶的；严重超载驾驶的；为逃避法律追究逃离事故现场的）的，可以在六个月至一年六个月有期徒刑幅度内确定量刑起点；负事故全部责任的，可以在一年至二年有期徒刑幅度内确定量刑起点。

在量刑起点的基础上，可以根据责任程度、致人重伤、死亡的人数或者财产损失的数额等其他影响犯罪构成的犯罪事实增加刑罚量，确定基准刑。有下列情形之一的，可以增加相应的刑罚量：

（1）具有“死亡一人或重伤三人，负事故主要责任或者全部责任”情形的，重伤人数达到四人，可以增加六个月至一年刑期；

（2）具有“死亡三人，负事故同等责任”情形的，死亡人数每增加一人，可以增加六个月至一年刑期；

（3）具有“造成公共财产或者他人财产直接损失，无能力赔偿数额达到三十万元，负事故主要责任或者全部责任”情形的，无力赔偿数额在三十万元基础上每增加五万元，可以增加三个月刑期；

（4）具有“重伤一人，负事故主要责任或者全部责任并且具有最高人民法院《关于审理交通肇事刑事案件具体应用法律若干问题的解释》第二条第二款所规定的六种情形之一”的，每增加一种《解释》中第二条第二款第（一）至（五）项规定的情形，可以增加六个月至一年刑期；重伤人数每增加一人，可以增加六个月至一年刑期。

2. 法定刑在三年以上七年以下有期徒刑幅度的量刑起点和基准刑

交通肇事后逃逸的，可以在三年至四年有期徒刑幅度内确定量刑起点。

死亡二人，负事故主要责任的，可以在三年至三年六个月有期徒刑幅度内确定量刑起点；负事故全部责任的，可以在三年六个月至四年有期徒刑幅度内确定量刑起点。

重伤五人，负事故主要责任的，可以在三年至三年六个月有期徒刑幅度内确定量刑起点；负事故全部责任的，可以在三年六个月至四年有期徒刑幅度内确定量刑起点。

死亡六人，负事故同等责任的，可以在三年六个月至四年有期徒刑幅度内确定量刑起点。

造成公共财产或者他人财产直接损失，无能力赔偿直接经济损失达60万元，负事故主要责任的，可以在三年至三年六个月有期徒刑幅度内确定量刑起点；负事故全部责任的，可以在三年六个月至四年有期徒刑幅度内确定量刑起点。

在量刑起点的基础上，可以根据责任程度、致人重伤、死亡的人数或者财产损失的数额以及逃逸等其他影响犯罪构成的犯罪事实增加刑罚量，确定基准刑。有下列情形之一的，可以增加相应的刑罚量：

（1）具有“死亡二人，负事故主要责任或者全部责任”情形的，死亡人数每增加一人，负事故全部责任的，可以增加一年至一年六个月刑期；负事故主要责任的，可以增加九个月至一年刑期；

（2）具有“重伤五人，负事故主要责任”情形的，重伤人数每增加一人，负事故全部责任的，可以增加六个月至一年刑期；负事故主要责任的，可以增加三个月至六个月刑期；

（3）具有“死亡六人，负事故同等责任”情形的，死亡人数每增加一人，可以增加六个月至九个月刑期；

（4）具有“造成公共财产或者他人财产直接损失，无能力赔偿数额达到60万元，负事故主要责任或者全部责任”情形的，无力赔偿数额在60万元基础上每增加5万元，可以增加三个月刑期；

（5）具有本条第二至五款情形，又具有“为逃避法律追究逃离事故现场”情节的，可以增加六个月至一年刑期。

3. 法定刑在七年以上有期徒刑幅度的量刑起点和基准刑

因逃逸致一人死亡的，可以在七年至八年有期徒刑幅度内确定量刑起点。

在量刑起点的基础上，因逃逸致人死亡的人数每增加一人，可以增加三年至五年刑期确定基准刑。

4. 交通肇事造成恶劣社会影响的，可以增加基准刑的10%以下。

（二）故意伤害犯罪

1. 法定刑在三年以下有期徒刑、拘役、管制幅度的量刑起点和基准刑

轻伤一人的，可以在六个月至一年六个月有期徒刑幅度内确定量刑起点。

在量刑起点的基础上，可以根据伤害人数、伤情程度、伤残等级、手段的残忍程度等其他影响犯罪构成的犯罪事实增加刑罚量，确定基准刑。有下列情形的，可以增加相应的刑罚量：

（1）每增加轻微伤一人，可以增加一个月至二个月刑期；

（2）每增加轻伤一人，可以增加三个月至六个月刑期；

（3）造成被害人十级至七级残疾，每增加一级残疾的，可以增加一个月至三个月刑期；

（4）持枪支、管制刀具等凶器作案的，可以增加三个月至六个月刑期。

2. 法定刑在三年以上十年以下有期徒刑幅度的量刑起点和基准刑

重伤一人，未造成伤残的，可以在三年至四年有期徒刑幅度内确定量刑起点。

在量刑起点的基础上，可以根据伤害人数、伤情程度、伤残等级、手段的残忍程度等其他影响犯罪构成的犯罪事实增加刑罚量，确定基准刑。有下列情形的，可以增加相应的刑罚量：

（1）每增加轻微伤一人，可以增加一个月至二个月刑期；

（2）每增加轻伤一人，可以增加三个月至六个月刑期；

（3）每增加重伤一人，可以增加一年至二年刑期。

（4）造成被害人十级至七级残疾，每增加一级残疾的，可以增加一个月至三个月刑期；

（5）持枪支、管制刀具等凶器作案的，可以增加六个月至一年刑期。

3. 法定刑在十年以上有期徒刑幅度的量刑起点和基准刑

以特别残忍手段致一人重伤，造成六级严重残疾，除依法应当判处无期徒刑以上刑罚的外，可以在十年至十二年有期徒刑幅度内确定量刑起点。

故意伤害致一人死亡，除依法应当判处无期徒刑以上刑罚的外，可以在十二年至十五年有期徒刑幅度内确定量刑起点。

在量刑起点的基础上，可以根据伤害人数、伤情程度、伤残等级、手段的残忍程度等其他影响犯罪构成的犯罪事实增加刑罚量，确定基准刑。有下列情形的，可以增加相应的刑罚量：

（1）每增加轻微伤一人，可以增加一个月至二个月刑期；

（2）每增加轻伤一人，可以增加三个月至六个月刑期；

（3）每增加重伤一人，可以增加一年至二年刑期；

（4）造成被害人十级至七级残疾，每增加一级残疾的，可以增加一个月至三个月刑期；造成被害人六级至三级残疾的，每增加一级残疾，可以增加六个月至一年刑期；造成被害人二级至一级残疾，每增加一级残疾的，可以增加二年至三年刑期；

（5）持枪支、管制刀具等凶器作案的，可以增加六个月至一年刑期。

4. 有下列情形的，可以增加20%以下的刑罚量：

（1）雇用他人实施伤害行为的；

（2）因实施其他违法犯罪活动而故意伤害他人的。

5. 有下列情形的，可以减少20%以下的刑罚量：

（1）因婚姻家庭、邻里纠纷等民间矛盾引发的；

（2）犯罪后积极抢救被害人的。

（三）强奸犯罪

1. 法定刑在三年以上十年以下有期徒刑幅度的量刑起点和基准刑

强奸妇女或者奸淫幼女一人一次的，可以在三年至五年有期徒刑幅度内确定量刑起点。

在量刑起点的基础上，可以根据强奸或者奸淫幼女的人数、次数、致人伤害后果等其他影响犯罪构成的犯罪事实增加刑罚量，确定基准刑。有下列情形之一的，可以增加相应的刑罚量：

（1）强奸妇女或者奸淫幼女二人，可以增加二年至三年刑期；

（2）对同一妇女强奸或者对同一幼女实施奸淫，每增加一次，可以增加六个月至一年刑期；

（3）强奸或者奸淫幼女造成被害人轻微伤的，每增加轻微伤一人，可以增加三个月至六个月刑期；

（4）强奸或者奸淫幼女造成被害人轻伤的，每增加轻伤一人，可以增加六个月至一年刑期；

（5）强奸或者奸淫幼女造成被害人十级至七级残疾，每增加一级残疾的，可以增加三个月至六个月刑期；

（6）持枪支、管制刀具等凶器或者采取非法拘禁、捆绑、虐待的方法作案的，可以增加六个月至一年刑期。

2. 法定刑在十年以上有期徒刑幅度的量刑起点和基准刑

犯强奸罪，具有刑法第二百三十六条规定的五种法定情节之一（即：

强奸妇女、奸淫幼女情节恶劣的；强奸妇女、奸淫幼女多人的；在公共场所当众强奸妇女的；二人以上轮奸的；致使被害人重伤、死亡或者造成其他严重后果的）的，除依法应当判处无期徒刑以上刑罚的，可以在十年至十二年有期徒刑幅度内确定量刑起点。

在量刑起点的基础上，可以根据强奸或者奸淫幼女的人数、次数、致人伤亡后果、奸淫幼女等其他影响犯罪构成的犯罪事实增加刑罚量，确定基准刑。有下列情形之一的，可以增加相应的刑罚量：

（1）强奸妇女或者奸淫幼女三人以上，每增加一名成年妇女或者幼女，可以增加二年至三年刑期；

（2）对同一妇女强奸或者对同一幼女实施奸淫，每增加一次，可以增加六个月至一年刑期；轮奸的，每增加一次，可以增加一年至一年六个月刑期；

（3）每增加刑法第二百三十六条规定的五种情形之一的，可以增加二年至三年刑期；

（4）每增加轻微伤一人，可以增加三个月至六个月刑期；

（5）每增加轻伤一人，可以增加六个月至一年刑期；

（6）每增加重伤一人，可以增加一年至二年刑期；

（7）造成被害人十级至七级残疾，每增加一级残疾的，可以增加三个月至六个月刑期；造成被害人六级至三级残疾的，每增加一级残疾，可以增加六个月至一年刑期；造成被害人二级至一级残疾，每增加一级残疾的，可以增加二年至三年刑期；

（8）持枪支、管制刀具等凶器或者采取非法拘禁、捆绑、虐待的方法作案的，可以增加六个月至一年刑期。

3. 奸淫幼女的，应当增加基准刑的20% ~40%。

（四）非法拘禁犯罪

1. 法定刑在三年以下有期徒刑、拘役、管制、剥夺政治权利幅度的量刑起点和基准刑

非法拘禁他人，不具有殴打、侮辱情节，未造成伤害后果的，可以在三个月拘役至六个月有期徒刑幅度内确定量刑起点。

在量刑起点的基础上，可以根据非法拘禁人数、次数、拘禁时间、致人伤害的后果等其他影响犯罪构成的犯罪事实增加刑罚量，确定基准刑。有下列情形的，可以增加相应的刑罚量：

（1）非法拘禁时间满二十四小时的，可以增加一个月至二个月刑期；每增加十二小时，可以增加一个月至二个月刑期；

（2）被害人每增加一人，可以增加三个月至六个月刑期；

（3）每增加一次，可以增加三个月至六个月刑期；

（4）每增加轻微伤一人，可以增加一个月至二个月刑期；

（5）每增加轻伤一人，可以增加三个月至六个月刑期；

（6）造成十级至七级残疾的，每增加一级残疾，可以增加一个月至三个月刑期；

（7）使用戒具或者捆绑等手段的，可以增加一个月至三个月刑期。

2. 法定刑在三年以上十年以下有期徒刑幅度的量刑起点和基准刑

非法拘禁致一人重伤的，可以在三年至四年有期徒刑幅度内确定量刑起点。

在量刑起点的基础上，可以根据非法拘禁人数、次数、拘禁时间、致人伤害后果等其他影响犯罪构成的犯罪事实增加刑罚量，确定基准刑。有下列情形的，可以增加相应的刑罚量：

（1）非法拘禁时间满二十四小时的，可以增加一个月至二个月刑期；每增加十二小时，可以增加一个月至二个月刑期；

（2）被害人每增加一人，可以增加三个月至六个月刑期；

（3）每增加一次，可以增加三个月至六个月刑期；

（4）每增加轻微伤一人，可以增加一个月至二个月刑期；

（5）每增加轻伤一人，可以增加三个月至六个月刑期；

（6）每增加重伤一人，可以增加一年至二年刑期；

（7）造成十级至七级残疾的，每增加一级残疾，可以增加一个月至三个月刑期；造成被害人六级至三级残疾的，每增加一级残疾，可以增加六个月至一年刑期；造成被害人二级至一级残疾，每增加一级残疾的，可以增加二年至三年刑期；

（8）使用戒具或者捆绑等手段的，可以增加一个月至三个月刑期。

3. 法定刑在十年以上有期徒刑幅度的量刑起点和基准刑

非法拘禁致一人死亡的，可以在十年至十二年有期徒刑幅度内确定量刑起点。

在量刑起点的基础上，可以根据非法拘禁人数、次数、拘禁时间、致人伤亡后果等其他影响犯罪构成的犯罪事实增加刑罚量，确定基准刑。有下列情形的，可以增加相应的刑罚量：

（1）非法拘禁时间满二十四小时的，可以增加一个月至二个月刑期；每增加十二小时，可以增加一个月至二个月刑期；

（2）被害人每增加一人，可以增加三个月至六个月刑期；

（3）每增加轻微伤一人，可以增加一个月至二个月刑期；

（4）每增加轻伤一人，可以增加三个月至六个月刑期；

（5）每增加重伤一人，可以增加一年至二年刑期；

（6）造成十级至七级残疾的，每增加一级残疾，可以增加一个月至三个月刑期；造成被害人六级至三级残疾的，每增加一级残疾，可以增加六个月至一年刑期；造成被害人二级至一级残疾，每增加一级残疾的，可以增加二年至三年刑期；

（7）死亡人数每增加一人，可以增加三年至五年刑期；

（8）使用戒具或者捆绑等手段的，可以增加一个月至三个月刑期。

4. 非法拘禁他人，有下列情形的，可以相应增加或者减少刑罚量：

（1）国家机关工作人员利用职权非法拘禁他人的，增加基准刑的10% ~20%；

（2）具有殴打、侮辱、虐待情节的，可以增加基准刑的10% ~20%；

（3）为索取高利贷、赌债等法律不予保护的债务而非法拘禁他人的，可以增加基准刑的20%以下；

（4）因积极参与传销非法拘禁他人的，可以增加基准刑的20%以下；

（5）为索取合法债务、争取合法权益而非法扣押、拘禁他人的，可以减少基准刑的30%以下。

（五）抢劫犯罪

1. 法定刑在三年以上十年以下有期徒刑幅度的量刑起点和基准刑

犯抢劫罪，作案一次的，可以在三年至五年有期徒刑幅度内确定量刑起点。

行为人实施盗窃、诈骗、抢夺行为，未达到“数额较大”，为窝藏赃物、抗拒抓捕或者毁灭罪证当场使用暴力或者以暴力相威胁，具有下列情节之一，依照抢劫罪定罪处罚的，可以在三年至五年有期徒刑幅度内确定量刑起点：盗窃、诈骗、抢夺接近“数额较大”标准的；入户或在公共交通工具上盗窃、诈骗、抢夺后在户外或交通工具外实施上述行为的；使用暴力致人轻微伤以上后果的；使用凶器或以凶器相威胁的；具有其他严重情节的。

在量刑起点的基础上，可以根据抢劫次数、数额，手段、致人伤害的后果等其他影响犯罪构成的犯罪事实增加刑罚量，确定基准刑。有下列情形的，可以增加相应的刑罚量：

（1）抢劫财物数额满350元或每增加350元（贫困山区县、市为200元），可以增加一个月刑期；

（2）被害人每增加一人，可以增加三个月至六个月刑期；

（3）抢劫二次的，可以增加二年至三年刑期；

（4）每增加轻微伤一人，可以增加三个月至六个月刑期；

（5）每增加轻伤一人，可以增加六个月至一年刑期；

（6）造成十级至七级残疾的，每增加一级残疾，可以增加三个月至六个月刑期；

（7）持枪支之外的械具抢劫的，可以增加六个月至一年刑期。

2. 法定刑在十年以上有期徒刑幅度的量刑起点和基准刑

犯抢劫罪，具有刑法第二百六十三条规定的八种法定严重情节之一（即：入户抢劫的；在公共交通工具上抢劫的；抢劫银行或者其他金融机构的；多次抢劫或者抢劫数额巨大的；抢劫致人重伤、死亡的；冒充军警人员抢劫的；持枪抢劫的；抢劫军用物资或者抢险、救灾、救济物资的）的，除依法应当判处无期徒刑以上刑罚的，可以在十年至十二年有期徒刑幅度内确定量刑起点。

在量刑起点的基础上，可以根据抢劫次数、数额、手段、致人伤亡的后果等其他影响犯罪构成的犯罪事实增加刑罚量，确定基准刑。有下列情形的，可以增加相应的刑罚量：

（1）抢劫财物数额满2万元（贫困山区县、市1万元）后，每增加2500元（贫困山区县、市为1500元），可以增加一个月刑期；

（2）被害人每增加一人，可以增加三个月至六个月刑期；

（3）抢劫次数超过三次，每增加一次，可以增加二年至三年刑期；

（4）每增加轻微伤一人，可以增加三个月至六个月刑期；

（5）每增加轻伤一人，可以增加六个月至一年刑期；

（6）每增加重伤一人，可以增加一年至二年刑期；

（7）造成十级至七级残疾的，每增加一级残疾，可以增加三个月至六个月刑期；造成被害人六级至三级残疾的，每增加一级残疾，可以增加六个月至一年刑期；造成被害人二级至一级残疾，每增加一级残疾的，可以增加二年至三年刑期；

（8）每增加刑法第二百六十三条规定的结果加重情形之一，可以增加一年至二年刑期；

（9）持枪支之外的械具抢劫的，可以增加六个月至一年刑期。

3. 有下列情形的，可以相应增加或减少刑罚量：

（1）教唆他人抢劫家庭成员或者近亲属财物的，对教唆犯可以减少基准刑的20%以下；

（2）为实施其他违法犯罪活动而实施抢劫的，增加基准刑的20%以下；

（3）确因生活所迫、学习、治病急需而抢劫的，减少基准刑的10%以下。

4. 需要说明的事项：

以毒品、假币、淫秽物品等违禁品为抢劫对象的，以抢劫罪定罪；抢劫的违禁品数量作为量刑情节考虑，量刑起点和基准刑依照上述规定确定。

（六）盗窃犯罪

1. 法定刑在三年以下有期徒刑、拘役、管制、单处罚金幅度的量刑起点和基准刑

盗窃公私财物，犯罪数额达到“数额较大”起点2000元（贫困山区县、市为1000元），或者一年内入户盗窃或者在公共场所扒窃三次的，可以在四个月拘役至六个月有期徒刑幅度内确定量刑起点。

盗窃公私财物数额满1600元不满2000元（贫困山区县、市满800元以上不满1000元），具有下列情形之一的，以盗窃罪定罪，可以在四个月拘役至六个月有期徒刑幅度内确定量刑起点：以破坏性手段盗窃造成公私财产损失的；盗窃残疾人、孤寡老人或者丧失劳动能力人的财物的；造成严重后果或者具有其他恶劣情节的。

盗窃国家三级文物一件的，可以在九个月至一年有期徒刑幅度内确定量刑起点。

盗窃增值税专用发票或者可以用于骗取出口退税、抵扣税款的其他发票，数量达到25份的，可以在四个月拘役至六个月有期徒刑幅度内确定量刑起点。

在量刑起点的基础上，可以根据盗窃数额、次数等其他影响犯罪构成的犯罪事实增加刑罚量，确定基准刑。有下列情形的，可以增加相应的刑罚量：

（1）犯罪数额每增加600元（贫困山区县、市为300元），可以增加一个月刑期；

（2）一年内入户盗窃或者盗窃三次以上的，再每增加一次作案，可以增加二个月至三个月刑期；

（3）盗窃国家三级文物二件的，可以增加九个月至一年刑期；

（4）盗窃增值税专用发票或者可以用于骗取出口退税、抵扣税款的其他发票，数量超过25份的，每增加七份，可以增加一个月刑期。

2. 法定刑在三年以上十年以下有期徒刑幅度的量刑起点和基准刑

盗窃公私财物，犯罪数额达到“数额巨大”起点2万元（贫困山区县、市1万元）的，可以在三年至四年有期徒刑幅度内确定量刑起点。

盗窃公私财物数额满16000元不满2万元（贫困山区县、市满8000元不满1万元），并具有下列情形之一的，可以认定为“有其他严重情节”，并在三年至四年有期徒刑幅度内确定量刑起点：犯罪集团的首要分子或者共同犯罪中情节严重的主犯；盗窃金融机构的；流窜作案危害严重的；导致被害人死亡、精神失常或者其他严重后果的；盗窃救灾、抢险、防汛、扶贫、移民、救济、医疗款物，造成严重后果的；盗窃生产资料，严重影响生产的；造成其他重大损失的。

盗窃国家三级文物三件或者二级文物一件的，可以在三年至四年有期徒刑幅度内确定量刑起点。

盗窃增值税专用发票或者可以用于骗取出口退税、抵扣税款的其他发票，数量达到250份的，可以在三年至四年有期徒刑幅度内确定量刑起点。

在量刑起点的基础上，可以根据盗窃数额等其他影响犯罪构成的犯罪事实增加刑罚量，确定基准刑。有下列情形的，可以增加相应的刑罚量：

（1）犯罪数额每增加1200元（贫困山区县、市为800元），可以增加一个月刑期；

（2）具有可以认定为“其他严重情节”的情形，每增加一种情形，可以增加六个月至一年刑期；

（3）盗窃国家三级文物超过三件，每增加一件，可以增加九个月至一年刑期；盗窃国家二级文物二件的，可以增加二年六个月至三年刑期；

（4）盗窃增值税专用发票或者可以用于骗取出口退税、抵扣税款的其他发票，数量超过250份的，每增加30份，可以增加一个月刑期。

3. 法定刑在十年以上有期徒刑幅度的量刑起点和基准刑

盗窃公私财物，犯罪数额达到“数额特别巨大”起点10万元（贫困山区县、市6万元），可以在十年至十二有期徒刑幅度内确定量刑起点。

盗窃公私财物数额满8万元不满10万元（贫困山区县、市满5万元不满6万元），并具有下列情形之一的，可以认定为“有其他特别严重情节”，并在十年至十二有期徒刑幅度内确定量刑起点：犯罪集团的首要分子或者共同犯罪中情节严重的主犯：盗窃金融机构的；流窜作案危害严重的；导致被害人死亡、精神失常或者其他严重后果的；盗窃救灾、抢险、防汛、扶贫、移民、救济、医疗款物，造成严重后果的；盗窃生产资料，严重影响生产的；造成其他重大损失的。

盗窃国家二级文物三件或者一级文物一件的，可以在十年至十二年有期徒刑幅度内确定量刑起点。依法应当判处无期徒刑的除外。

盗窃增值税专用发票或者可以用于骗取出口退税、抵扣税款的其他发票，数量达到2500份的，可以在十年至十二有期徒刑幅度内确定量刑起点。

在量刑起点的基础上，可以根据盗窃数额等其他影响犯罪构成的犯罪事实增加刑罚量，确定基准刑。有下列情形的，可以增加相应的刑罚量：

（1）犯罪数额每增加1万元（贫困山区县、市为6000元），可以增加一个月刑期；

（2）具有可以认定为“其他特别严重情节”的情形，每增加一种情形，可以增加一年至二年刑期；

（3）盗窃国家二级文物超过三件，每增加一件，可以增加九个月至一年刑期；盗窃国家一级文物二件的，可以增加二年六个月至三年刑期；

（4）盗窃增值税专用发票或者可以用于骗取出口退税、抵扣税款的其他发票，数量超过2500份的，每增加100份，可以增加一个月刑期。

4. 有下列情节的，可以相应增加刑罚量，但不得超过基准刑的100%：

（1）盗窃公私财物数额满2000元不满16000元（贫困山区县、市满1000元不满8000元）和满2万元不满8万元（贫困山区县、市满1万元不满5万元），分别未被认定为具有其他严重或者特别严重情节，并具有下列情形之一的，可以增加基准刑的50%以下：犯罪集团的首要分子或者共同犯罪中情节严重的主犯；盗窃金融机构的；流窜作案危害严重的；导致被害人死亡、精神失常或者其他严重后果的；盗窃救灾、抢险、防汛、扶贫、移民、救济、医疗款物，造成严重后果的；盗窃生产资料，严重影响生产的；造成其他重大损失的。以上七种情形每增加一种情形，可以再增加基准刑的10%以下；

（2）具有“流窜作案；盗窃救灾、抢险、防汛、扶贫、移民、救济、医疗款物，未造成严重后果；盗窃生产资料，未严重影响生产”的情形之一的，可以增加基准刑的30%以下：每增加一种情形，可以再增加基准刑的10%以下；

（3）具有“以破坏性手段盗窃造成公私财产损失的；盗窃残疾人、孤寡老人或者丧失劳动能力人的财物的；造成严重后果或者具有其他恶劣情节”的情形之一的，可以增加基准刑的30%以下；每增加一种情形的，可以再增加基准刑的10%以下；

（4）具有多次盗窃情形的，可以增加基准刑的30%以下；

（5）入户盗窃的，可以增加基准刑的20%以下；

（6）为吸毒、赌博等违法犯罪活动而盗窃的，可以增加基准刑的20%以下。

5. 有下列情节的，可以相应减少刑罚量：

（1）确因生活所迫、学习、治病急需而盗窃的，可以减少基准刑的20%以下；

（2）案发前主动将赃物放回原处或归还被害人的，可以减少基准刑的30%以下；

（3）盗窃自己家的财物或者近亲属的财物的，可以减少基准刑的50%以下。不作犯罪处理的除外。

6. 需要说明的事项

（1）盗窃未遂，情节严重，如以数额巨大的财物或者国家珍贵文物等为盗窃目标的，应当以盗窃罪定罪处罚，量刑起点和基准刑可以参照第2.3条的规定予以确定；

（2）盗窃违禁品，按盗窃罪处理的，不计数额，根据情节轻重量刑；

（3）盗窃技术成果等商业秘密的，按照刑法第二百一十九条的规定定罪处罚。

（七）诈骗犯罪

1. 法定刑在三年以下有期徒刑、拘役、管制、单处罚金幅度的量刑起点和基准刑

诈骗公私财物，达到"数额较大"起点5000元的，可以在四个月拘役至六个月有期徒刑幅度内确定量刑起点。在量刑起点的基础上，诈骗数额每增加1500元，可以增加一个月刑期，从而确定基准刑。

诈骗数额在2000元以上，并具有下列情形之一的，以诈骗罪定罪，可以在四个月拘役至六个月有期徒刑幅度内确定量刑起点：诈骗集团的首要分子或者共同诈骗犯罪中情节严重的主犯；流窜作案危害严重的；在农村地区诈骗的；诈骗60周岁以上的人的；冒充金融机构工作人员诈骗的；诈骗单位或者个人急需的生产资料，严重影响生产或者造成其他严重损失的；诈骗救灾、抢险、防汛、优抚、救济、医疗、扶贫、移民款物的；导致被害人死亡、精神失常或者其他严重后果的；曾因诈骗受过刑事处罚或者二次以上行政处罚的；有其他严重情节的。在量刑起点的基础上，每增加一种情形，可以增加一个月至三个月刑期，从而确定基准刑。

2. 法定刑在三年以上十年以下有期徒刑幅度的量刑起点和基准刑

诈骗公私财物，犯罪数额达到"数额巨大"起点5万元的，可以在三年至四年有期徒刑幅度内确定量刑起点。

诈骗公私财物数额满3万元不满5万元，并具有下列情形之一的，可以认定为“其他严重情节”，并在三年至四年有期徒刑幅度内确定量刑起点：流窜作案危害严重的；诈骗法人、其他组织或者个人急需的生产资料，严重影响生产或者造成其他严重损失的；诈骗救灾、抢险、防汛、优抚、救济、医疗、扶贫、移民款物，造成严重后果的；挥霍诈骗的财物，致使诈骗的财物无法返还的；使用诈骗的财物进行违法犯罪活动的；导致被害人死亡、精神失常或者其他严重后果的；具有其他严重情节的。

在量刑起点的基础上，可以根据诈骗数额等其他影响犯罪构成的犯罪事实增加刑罚量，确定基准刑。有下刑情形之一的，可以增加相应的刑罚量：

（1）犯罪数额每增加6500元，可以增加一个月刑期；

（2）具有可以认定为“其他严重情节”情形的，每增加一种情形，可以增加六个月至二年刑期。

3. 法定刑在十年以上有期徒刑幅度的量刑起点和基准刑

诈骗公私财物，犯罪数额达到“数额特别巨大”起点50万元，可以在十年至十二年有期徒刑幅度内确定量刑起点。依法应当判处无期徒刑的除外。

诈骗公私财物数额满25万元不满50万元，并具有下列情形之一的，可以认定为“其他特别严重情节”，除了依法应当判处无期徒刑的以外，可以在十年至十二年有期徒刑幅度内确定量刑起点：流窜作案危害严重的；诈骗法人、其他组织或者个人急需的生产资料，严重影响生产或者造成其他严重损失的；诈骗救灾、抢险、防汛、优抚、救济、医疗、扶贫、移民款物，造成严重后果的；挥霍诈骗的财物，致使诈骗的财物无法返还的；使用诈骗的财物进行违法犯罪活动的；导致被害人死亡、精神失常或者其他严重后果的；具有其他严重情节的。

在量刑起点的基础上，可以根据诈骗数额等犯罪事实增加刑罚量，确定基准刑。有下刑情形之一的，可以增加相应的刑罚量确定基准刑：

（1）犯罪数额每增加5万元，可以增加一个月刑期；

（2）具有可以认定为“其他特别严重情节”情形，每增加一种情形，可以增加六个月至二年刑期。

4. 有下列情节的，可以相应增加或者减少刑罚量，但累计不得超过基准刑的100%：

（1）诈骗公私财物数额满5000元不满3万元和满5万元不满25万元，分别未被认定为具有其他严重或特别严重情节，并具有下列情形之一的，可以在相对应的法定刑幅度内增加基准刑的50%以下：流窜作案危害严重的；诈骗法人、其他组织或者个人急需的生产资料，严重影响生产或者造成其他严重损失的；诈骗救灾、抢险、防汛、优抚、救济、医疗、扶贫、移民款物，造成严重后果的；挥霍诈骗的财物，致使诈骗的财物无法返还的；使用诈骗的财物进行违法犯罪活动的；导致被害人死亡、精神失常或者其他严重后果的；具有其他严重情节的。以上七种情形每增加一种情形，可以再增加基准刑的10%以下；

（2）具有"流窜作案；诈骗生产资料，未严重影响生产或者造成其他严重损失；诈骗救灾、抢险、防汛、优抚、救济、医疗、扶贫、移民款物，未造成严重后果"的情形之一的，可以增加基准刑的30%以下；每增加一种情形，可以再增加基准刑的10%以下；

（3）多次诈骗的，可以增加基准刑的30%以下；

（4）为吸毒、赌博等违法犯罪活动而诈骗的，可以增加基准刑的20%以下。

5. 有下列情节的，可以相应减少刑罚量：

（1）确因生活所迫、学习、治病急需而诈骗的，可以减少基准刑的20%以下；

（2）诈骗自己家的财物或者近亲属的财物的，可以减少基准刑的50%以下。不作犯罪处理的除外。

6. 需要说明的事项

（1）诈骗未遂，数额达到"数额较大"标准三倍以上的或者具有其他严重情节的，应当以诈骗罪定罪处罚，量刑起点和基准刑可以参照第1.2.3条的规定予以确定。

（2）诈骗既遂部分的犯罪数额虽未达到"数额较大"，但与未遂部分的犯罪数额合计达到"数额较大"标准三倍以上的，应当按犯罪未遂定罪处罚。

（八）抢夺犯罪

1. 法定刑在三年以下有期徒刑、拘役、管制、单处罚金幅度的量刑起点和基准刑

抢夺公私财物，犯罪数额达到"数额较大"起点2000元（贫困山区县、市为1000元）的，可以在五个月拘役至一年有期徒刑幅度内确定量刑起点。

在量刑起点的基础上，可以根据抢夺数额等其他影响犯罪构成的犯罪事实增加刑罚量，确定基准刑。有下刑情形之一的，可以增加相应的刑罚

量确定基准刑：

（1）犯罪数额每增加750元（贫困山区县、市为400元），可以增加一个月刑期；

（2）每增加轻微伤一人，可以增加一个月至二个月刑期；

（3）每增加轻伤一人，可以增加三个月至六个月刑期；

（4）抢夺过失致人重伤、死亡的，可以增加六个月至一年刑期。

2. 法定刑在三年以上十年以下有期徒刑幅度的量刑起点和基准刑

抢夺公私财物，犯罪数额达到“数额巨大”起点2万元（贫困山区县、市为1万元）的，可以在三年至四年有期徒刑幅度内确定量刑起点。

抢夺公私财物数额满16000元不满2万元（贫困山区县、市满8000元不满1万元），并具有下列情形之一的，可以认定为有“其他严重情节”，并在三年至四年有期徒刑幅度内确定量刑起点：抢夺残疾人、老年人、不满14岁未成年人的财物的；抢夺救灾、抢险、防汛、优抚、扶贫、移民、救济款物的；一年内抢夺三次以上的；利用行驶的机动车辆抢夺的。

在量刑起点的基础上，可以根据抢夺数额等其他影响犯罪构成的犯罪事实增加刑罚量，确定基准刑。有下刑情形之一的，可以增加相应的刑罚量：

（1）犯罪数额每增加1200元（贫困山区县、市800元），可以增加一个月刑期；

（2）每增加轻微伤一人，可以增加一个月至二个月刑期；

（3）每增加轻伤一人，可以增加三个月至六个月刑期；

（4）抢夺过失致人重伤、死亡的，可以增加六个月至一年刑期。

3. 法定刑在十年以上有期徒刑幅度的量刑起点和基准刑

抢夺公私财物，犯罪数额达到“数额特别巨大”起点10万元（贫困山区县、市为6万元），可以在十年至十二年有期徒刑幅度内确定量刑起点。

抢夺公私财物数额满8万元不满10万元（贫困山区县、市满5万元不满6万元），并具有下列情形之一的，可以认定为有“其他特别严重情节”，并在十年至十二年有期徒刑幅度内确定量刑起点：抢夺残疾人、老年人、不满14岁未成年人的财物的；抢夺救灾、抢险、防汛、优抚、扶贫、移民、救济款物的；一年内抢夺三次以上的；利用行驶的机动车辆抢夺的。

在量刑起点的基础上，可以根据抢夺数额等其他影响犯罪构成的犯罪事实增加刑罚量，确定基准刑。有下刑情形之一的，可以增加相应的刑罚量确定基准刑：

（1）犯罪数额每增加1万元（贫困山区县、市6000元），可以增加一个月刑期；

（2）具有可以认定为有“其他特别严重情节”情形的，每增加一种情形，可以增加六个月至二年刑期；

（3）每增加轻微伤一人，可以增加一个月至二个月刑期；

（4）每增加轻伤一人，可以增加三个月至六个月刑期；

（5）抢夺过失致人重伤、死亡的，可以增加六个月至一年刑期。

4. 有下列情形的，可以相应增加刑罚量：

（1）抢夺公私财物数额满2000元不满16000元（贫困山区县、市满1000元不满8000元）和满2万元不满8万元（贫困山 区县，市满1万元不满5万元），分别未被认定为具有其他严重情节和特别严重情节，并具有下列情形之一的，可以增加基准刑的50%以下：抢夺残疾人、老年人、不满14岁未成年人的财物的；抢夺救灾、抢险、防汛、优抚、扶贫、移民、救济款物的；一年内抢夺三次以上的；利用行驶的机动车辆抢夺的。每增加一种情形，可以再增加基准刑的10%以下；

（2）利用行驶的非机动车抢夺的，可以增加基准刑的30% 以下；

（3）为吸毒、赌博等违法犯罪活动而抢夺的，可以增加基准刑的20%以下。

5. 有下列情形的，可以相应减少刑罚量：

（1）确因生活、治病急需而抢夺的，可以减少基准刑的20% 以下；

（2）在案发前自动归还被害人财物的，可以减少基准刑的30%以下。

（九）职务侵占犯罪

1. 法定刑在五年以下有期徒刑、拘役幅度的量刑起点和基准刑

利用职务上的便利，非法侵占本单位财物，犯罪数额达到“数额较大”起点1万元的，可以在四个月拘役至六个月有期徒刑幅度内确定量刑起点。在量刑起点的基础上，犯罪数额每增加5500元，可以增加一个月刑期，从而确定基准刑。

2. 法定刑在五年以上有期徒刑幅度的量刑起点和基准则

利用职务上的便利，非法侵占本单位财物，犯罪数额达到“数额巨大”起点30万元的，可以在五年至六年有期徒刑幅度内确定量刑起点。在量刑起点的基础上，犯罪数额每增加3万元，可以增加一个月刑期，从而确定基准刑。

3. 有下列情形的，可以相应增加刑罚量，但累计不得超过基准刑

的100%：

（1）职务侵占行为严重影响生产经营或者造成其他严重损失的，可以增加基准刑的50%以下；两种情形同时具备的，可以再增加基准刑的10%以下；

（2）多次职务侵占的，可以增加基准刑的30%以下；

（3）职务侵占用于预防、控制突发传染病疫情等灾害款物的，可以增加基准刑的20%以下；

（4）职务侵占救灾、抢险、防汛、优抚、扶贫、移民、救济款物和及募捐款物，可以增加基准刑的20%以下；

（5）职务侵占的款项用于吸毒、赌博等违法犯罪活动的，可以增加基准刑的20%以下。

4. 因治病等急需而实施职务侵占的，可以减少基准刑的20%以下。

（十）敲诈勒索犯罪

1. 法定刑在三年以下有期徒刑、拘役、管制幅度的量刑起点和基准刑

敲诈勒索公私财物，犯罪数额达到“数额较大”起点3000元（贫困山区县、市为2000元），可以在四个月拘役至六个月有期徒刑幅度内确定量刑起点。

在量刑起点的基础上，可以根据敲诈勒索数额等其他影响犯罪构成的犯罪事实增加刑罚量，确定基准刑。有下列情形之一的，可以增加相应的刑罚量确定基准刑：

（1）犯罪数额每增加1000元（贫困山区县、市为600元），可以增加一个月刑期；

（2）每增加轻微伤一人，可以增加一个月至二个月刑期；

（3）每增加轻伤一人，可以增加三个月至六个月刑期；

（4）在敲诈勒索过程中，使用暴力，或者非法拘禁，或者以危险方法制造事端，或者以非法手段获取他人隐私勒索他人财物等手段的，可以增加三个月至六个月刑期；每增加一种手段，可以再增加一个月至三个月刑期。

2. 法定刑在三年以上十年以下有期徒刑幅度的量刑起点和基准刑

敲诈勒索公私财物，犯罪数额达到“数额巨大”起点3万元（贫困山区县、市为2万元），可以在三年至四年有期徒刑幅度内确定量刑起点。

敲诈勒索公私财物数额满2万元不满3万元（贫困山区县、市满15000元不满2万元），并具有下列情形之一的，可以认定为有“其他严重情节”，可以在三年至四年有期徒刑幅度内确定量刑起点：一年内敲诈勒

索作案三次以上；敲诈勒索严重影响生产经营或者造成恶劣社会影响的；导致被害人自杀、精神失常或者其他严重后果的。

在量刑起点的基础上，可以根据敲诈勒索数额等其他影响犯罪构成的犯罪事实增加刑罚量，确定基准刑。有下列情形之一的，可以增加相应的刑罚量：

（1）犯罪数额每增加5000元（贫困山区县、市3000元），可以增加一个月刑期；

（2）具有可以认定为“其他严重情节”三种情形的，每增加一种情形，可以增加六个月至二年刑期；

（3）每增加轻微伤一人，可以增加一个月至二个月刑期；

（4）每增加轻伤一人，可以增加三个月至六个月刑期；

（5）在敲诈勒索过程中，使用暴力，或者非法拘禁，或者以危险方法制造事端，或者以非法手段获取他人隐私勒索他人财物等手段的，可以增加三个月至六个月刑期；每增加一种手段，可以再增加一个月至三个月刑期。

3. 有下列情形的，可以相应增加刑罚量：

（1）具有敲诈勒索公私财物数额满3000元不满2万元（贫困山区县、市满2000元不满15000元），未被认定为具有其他严重情节，并具有下列情形之一的，可以增加基准刑的50%以下：一年内敲诈勒索作案三次以上；敲诈勒索严重影响生产经营或者造成恶劣社会影响的；导致被害人自杀、精神失常或者其他严重后果的。每增加一种情形，可以再增加基准刑的10%以下；

（2）为吸毒、赌博等违法犯罪活动而敲诈勒索的，可以增加基准刑的20%以下。

4. 因婚姻、邻里之间等民事纠纷引起的，可以减少基准刑的20%以下。

（十一）妨害公务犯罪

1. 量刑起点和基准刑

构成妨害公务罪的，可以在三个月拘役至一年有期徒刑幅度内确定量刑起点。

在量刑起点的基础上，可以根据妨害公务的手段、造成的后果等其他影响犯罪构成的犯罪事实增加刑罚量，确定基准刑。有下列情形之一的，可以增加相应的刑罚量：

（1）每增加轻微伤一人，可以增加一个月至二个月刑期；

（2）每增加轻伤一人，可以增加三个月至六个月刑期；

（3）被害人每增加一人，可以增加一个月至二个月刑期；

（4）毁损财物数额每增加2000元，可以增加一个月至二个月刑期；

（5）妨害公务造成恶劣社会影响的，可以增加六个月至一年刑期；

（6）妨害公务造成交通堵塞，影响社会秩序的，可以增加三个月至六个月刑期；

（7）持械妨害公务的，可以增加三个月至六个月刑期。

2. 有下列情形的，可以相应增加或减少刑罚量：

（1）煽动群众阻碍依法执行职务、履行职责的，可以增加基准刑的20%以下；

（2）因执行公务行为不规范而导致妨害公务犯罪的，可以减少基准刑的20%以下。

（十二）聚众斗殴犯罪

1. 法定刑在三年以下有期徒刑、拘役或者管制幅度的量刑起点和基准刑

聚众斗殴双方参与人数达到五人的，可以在六个月至一年六个月有期徒刑幅度内确定量刑起点。

在量刑起点的基础上，可以根据聚众斗殴人数、次数、手段、伤害后果等其他影响犯罪构成的犯罪事实增加刑罚量，确定基准刑。有下列情形之一的，可以增加相应的刑罚量：

（1）每增加轻微伤一人，可以增加一个月至二个月刑期；

（2）每增加轻伤一人，可以增加三个月至六个月刑期；

（3）聚众斗殴人数每增加三人的，可以增加一个月至二个月刑期；

（4）聚众斗殴二次的，可以增加六个月至一年刑期；

（5）聚众斗殴造成交通秩序混乱的，可以增加六个月至一年刑期。

2. 法定刑在三年以上十年以下有期徒刑幅度的量刑起点和基准刑

具有刑法第二百九十二条第一款规定的四种情形（即：多次聚众斗殴的；聚众斗殴人数多，规模大，社会影响恶劣的；在公共场所或者交通要道聚众斗殴，造成社会秩序严重混乱的；持械聚众斗殴的）之一的，可以在三年至四年有期徒刑幅度内确定量刑起点。

在量刑起点的基础上，可以根据聚众斗殴人数、次数、手段、伤害后果等其他影响犯罪构成的犯罪事实增加刑罚量，确定基准刑。有下列情形之一的，可以增加相应的刑罚量：

（1）每增加刑法第二百九十二条第一款规定的四种情形之一，可以增

加一年至二年刑期（其中三次以上聚众斗殴属于多次；聚众斗殴双方达到二十人以上的，属于聚众斗殴人数多，规模大）；

（2）每增加轻微伤一人，可以增加一个月至二个月刑期；

（3）每增加轻伤一人，可以增加三个月至六个月刑期；

（4）聚众斗殴次数超过三次，每增加一次，可以增加六个月至一年刑期；

（5）聚众斗殴人数超过二十人，再每增加三人，可以增加一个月至二个月刑期；

（6）聚众斗殴造成交通秩序混乱的，可以增加六个月至一年刑期；

3. 有下列情形的，可以相应增加或减少刑罚量：

（1）组织未成年人聚众斗殴的，可以增加基准刑的20%以下；

（2）聚众斗殴造成财产损失的，可以增加基准刑的20%以下；

（3）因民间纠纷引发的聚众斗殴，可以减少基准刑的20%以下。

（十三）寻衅滋事犯罪

量刑起点和基准刑

寻衅滋事构成犯罪的，可以在三个月拘役至一年有期徒刑幅度内确定量刑起点。

在量刑起点的基础上，可以根据寻衅滋事次数、伤害后果、强拿硬要他人财物或任意损毁、占用公私财物数额等其他影响犯罪构成的犯罪事实增加刑罚量，确定基准刑。有下列情形之一的，可以增加相应的刑罚量：

（1）每增加轻微伤一人，可以增加一个月至二个月刑期；

（2）每增加轻伤一人，可以增加三个月至六个月刑期；

（3）强拿硬要或任意毁损、占用财物三次以上，再每增加一次，可以增加一个月至二个月刑期；

（4）强拿硬要或任意毁损、占用财物价值2000元以上的，数额再每增加2000元，可以增加一个月至二个月刑期；

（5）每增加刑法第二百九十三条规定的四种情形之一的，可以增加六个月至一年刑期；

（6）持械寻衅滋事的，可以增加三个月至六个月刑期；

（7）因追逐、拦截、侮辱他人，造成他人精神失常、自杀的，可以增加六个月至一年刑期；

（8）寻衅滋事造成恶劣社会影响的，可以增加六个月至一年刑期；

（9）寻衅滋事严重影响社会秩序的，可以增加六个月至一年刑期。

（十四）掩饰、隐瞒犯罪所得、犯罪所得收益犯罪

1. 法定刑在三年以下有期徒刑、拘役、管制、单处罚金幅度的量刑起点和基准刑

掩饰、隐瞒犯罪所得、犯罪所得收益数额达到3000元的，可以在四个月拘役至六个月有期徒刑幅度内确定量刑起点。

明知是毒品犯罪、黑社会性质的组织犯罪、恐怖活动犯罪、走私犯罪、贪污贿赂犯罪、破坏金融管理秩序犯罪、金融诈骗犯罪以外其他犯罪的所得及其产生的收益，为掩饰、隐瞒其来源和性质，实施下列行为之一的，可以在四个月拘役至六个月有期徒刑幅度内确定量刑起点：提供资金账户的；协助将财产转换为现金、金融票据、有价证券；通过转账或者其他结算方式协助资金转移的；协助将资金汇往境外的；以其他方法掩饰、隐瞒犯罪所得及其收益的来源和性质的。

明知是盗窃、抢劫、诈骗、抢夺的机动车，实施下列行为之一的，可以在四个月拘役至六个月有期徒刑内确定量刑起点：买卖、介绍买卖、典当、拍卖、抵押或者用其抵债的；拆解、拼装或者组装的；修改发动机号、车辆识别代号的；更改车身颜色或者车辆外形的；提供或者出售机动车来历凭证、整车合格证、号牌以及有关机动车的其他证明和凭证的；提供或者出售伪造、变造的机动车来历凭证、整车合格证、号牌以及有关机动车的其他证明和凭证的。

在量刑起点的基础上，可以根据犯罪数额等其他影响犯罪构成的犯罪事实增加刑罚量，确定基准刑。有下列情形之一的，可以增加相应的刑罚量：

（1）犯罪数额每增加17000元的，可以增加一个月刑期；

（2）掩饰、隐瞒盗窃、抢劫、诈骗、抢夺的机动车，每增加一辆，可以增加三个月至六个月刑期；

（3）犯罪的手段或情形每增加一种，可以增加一个月至二个月刑期。

2. 法定刑在三年以上七年以下有期徒刑幅度的量刑起点和基准刑

掩饰、隐瞒犯罪所得、犯罪所得收益数额达到50万元，可以在三年至四年有期徒刑幅度内确定量刑起点。

掩饰、隐瞒盗窃、抢劫、诈骗、抢夺的机动车达到五辆或者价值总额达到50万元，可以在三年至四年有期徒刑幅度内确定量刑起点。

在量刑起点的基础上，可以根据犯罪数额等其他影响犯罪构成的犯罪事实增加刑罚量，确定基准刑。有下列情形之一的，可以增加相应的刑罚量：

(1) 犯罪数额每增加3万元，可以增加一个月刑期；

(2) 掩饰、隐瞒盗窃、抢劫、诈骗、抢夺的机动车超过五辆，每增加一辆，可以增加三个月至六个月刑期；

(3) 犯罪的手段或情形每增加一种，可以增加一个月至二个月刑期。

3. 有下列情形的，可以相应增加刑罚量：

(1) 多次掩饰、隐瞒犯罪所得、犯罪所得收益的，可以增加基准刑的30%以下；

(2) 前罪行为较重的，可以增加基准刑的20%以下。

(十五) 走私、贩卖、运输、制造毒品犯罪

1. 法定刑在三年以下有期徒刑、拘役、管制幅度的量刑起点和基准刑

走私、贩卖、运输、制造鸦片不足或达到20克，海洛因、甲基苯丙胺或者可卡因1克，吗啡或者二亚甲基双氧安非他明（MDMA）等苯丙胺类毒品（甲基苯丙胺除外）2克，氯胺酮或者美沙酮20克，三唑仑或者安眠酮1000克，咖啡因5000克或者其他数量相当毒品的，可以在四个月拘役至六个月有期徒刑幅度内确定量刑起点。

在量刑起点的基础上，可以根据毒品犯罪次数、人次、毒品数量等其他影响犯罪构成的犯罪事实增加刑罚量，确定基准刑。有下列情形之一的，可以增加相应的刑罚量：

(1) 每增加海洛因、甲基苯丙胺或者可卡因1克及其他数量相当毒品的，可以增加三个月刑期；

(2) 每增加吗啡或者二亚甲基双氧安非他明（MDMA）等苯丙胺类毒品（甲基苯丙胺除外）1克，可以增加二个月刑期；

(3) 每增加鸦片、氯胺酮或者美沙酮5克，可以增加一个月刑期；

(4) 每增加三唑仑或者安眠酮1000克，可以增加三个月刑期；

(5) 每增加咖啡因1000克，可以增加一个月刑期；

(6) 实施走私、贩卖、运输、制造毒品两种以上行为的，每增加一种行为，可以增加三个月至六个月刑期。

2. 法定刑在三年以上七年以下有期徒刑幅度的量刑起点和基准刑

走私、贩卖、运输、制造鸦片140克，海洛因、甲基苯丙胺或者可卡因7克，吗啡或者二亚甲基双氧安非他明（MDMA）等苯丙胺类毒品（甲基苯丙胺除外）14克，氯胺酮或者美沙酮140克，三唑仑或者安眠酮7000克，咖啡因35千克或者其他数量相当毒品的，可以在三年至四年有期徒刑幅度内确定量刑起点。

毒品犯罪的数量未达到前款标准，但具有下列情形之一的，可以在三

年至四年有期徒刑幅度内确定量刑起点：国家工作人员走私、贩卖、运输、制造毒品的；在戒毒监管场所贩卖毒品的；向多人贩毒或者多次贩毒的；其他情节严重的。

在量刑起点的基础上，可以根据毒品犯罪次数、人次、毒品数量等其他影响犯罪构成的犯罪事实增加刑罚量，确定基准刑。有下列情形之一的，可以增加相应的刑罚量：

（1）每增加海洛因、甲基苯丙胺或者可卡因 1 克及其他数量相当毒品的，可以增加一年刑期；

（2）每增加吗啡或者二亚甲基双氧安非他明（MDMA）等苯丙胺类毒品（甲基苯丙胺除外）3 克，可以增加二年刑期；

（3）每增加鸦片、氯胺酮或者美沙酮 15 克，可以增加一年刑期；

（4）每增加三唑仑或者安眠酮 1 千克，可以增加一年刑期；

（5）每增加咖啡因 4 千克，可以增加一年刑期；

（6）被告人毒品犯罪的数量达到第 1 款规定的标准，同时又具有第 2 款所列四种情形之一的，先按照本款第（1）至（5）的规定增加刑期，然后可以按照每增加一种情形，增加六个月至一年的刑期；

（7）实施走私、贩卖、运输、制造毒品两种以上行为的，每增加一种行为，可以增加六个月至一年刑期。

3. 法定刑在七年以上有期徒刑幅度的量刑起点和基准刑

走私、贩卖、运输、制造鸦片 200 克，海洛因、甲基苯丙胺或者可卡因十克，吗啡或者二亚甲基双氧安非他明（MDMA）等苯丙胺类毒品（甲基苯丙胺除外）20 克，氯胺酮或者美沙酮 200 克，三唑仑或者安眠酮 10 千克，咖啡因 50 千克或者其他毒品数量大的，可以在七年至八年有期徒刑幅度内确定量刑起点。

在量刑起点的基础上，可以根据毒品犯罪次数、人次、毒品数量等其他影响犯罪构成的犯罪事实增加刑罚量，确定基准刑。有下列情形之一的，可以增加相应的刑罚量：

（1）每增加海洛因、甲基苯丙胺或者可卡因 5 克及其他数量相当毒品的，可以增加一年刑期；

（2）每增加吗啡或者二亚甲基双氧安非他明（MDMA）等苯丙胺类毒品（甲基苯丙胺除外）10 克，可以增加一年刑期；

（3）每增加鸦片、氯胺酮或者美沙酮 100 克，可以增加一年刑期；

（4）每增加三唑仑或者安眠酮 5000 克，可以增加一年刑期；

（5）每增加咖啡因 20 千克，可以增加一年刑期；

（6）实施走私、贩卖、运输、制造毒品两种以上行为的，每增加一种行为，可以增加一年至二年刑期。

4. 具有刑法第三百四十七条第二款五种情形之一（即：走私、贩卖、运输、制造鸦片1000克，海洛因、甲基苯丙胺或者可卡因50克，吗啡或者二亚甲基双氧安非他明（MDMA）等苯丙胺类毒品（甲基苯丙胺除外）100克，氯胺酮或者美沙酮1000克，三唑仑或者安眠酮50千克，咖啡因200千克或者其他毒品数量达到数量大起点的；走私、贩卖、运输、制造毒品集团的首要分子；武装掩护走私、贩卖、运输、制造毒品的；以暴力抗拒检查、拘留、逮捕，情节严重的；参与有组织的国际贩毒活动的），且不宜判处无期徒刑以上刑罚的，量刑起点和基准刑为十五年有期徒刑。

5. 有下列情形的，可以相应增加或减少刑罚量：

（1）组织、利用、教唆未成年人、孕妇、哺乳期妇女、患有严重疾病人员、又聋又哑的人、盲人及其他特殊人群走私、贩卖、运输、制造毒品，或者向未成年人出售毒品的，可以增加基准刑的30%以下；

（2）孕妇、哺乳期妇女、患有严重疾病人员及其他特殊人群被利用或被强迫参与毒品犯罪的，可以减少基准刑的40%以下；

（3）存在犯意引诱、数量引诱情形的，可以减少基准刑的30%以下；

（4）受雇运输毒品的，可以减少基准刑的30%以下。

五、附则

1. 本实施细则适用于有期徒刑以下的案件，其中第一至第三部分适用于《中华人民共和国刑法》规定的所有罪名。

2. 本实施细则所称以上、以下，均包括本数。

3. 本实施细则将随法律、司法解释和刑事司法政策以及上级法院规定的变动适时作出调整，原则上试行一年后予以修订。

4. 武汉铁路运输中级法院可以根据打击涉及铁路运输刑事犯罪的实际，依照《人民法院量刑指导意见（试行）》和本实施细则的精神，自行制定《量刑指导意见实施细则》及与铁路运输相关的其他罪名的《量刑指导意见》，并报本院备案。

5. 本实施细则由湖北省高级人民法院负责解释。

6. 本实施细则自2010年10月1日起试行。